BuddhAll

All is Buddha.

BuddhAll.

BuddhAll

BuddhAll

密意 如來藏經

談錫永 著

Tathāgatagarbha-sūtra

目　錄

釋迦牟尼

總序

一 説密意

本叢書的目的在於表達一些佛家經論的密意。甚麼是密意?即是「意在言外」之意。一切經論都要用言說和文字來表達,這些言說和文字只是表達的工具,並不能如實表出佛陀說經、菩薩造論的真實意,讀者若僅依言說和文字來理解經論,所得的便只是一己的理解,必須在言說與文字之外,知其真實,才能通達經論。

《入楞伽經》有偈頌言 ——

> 由於其中有分別　　名身句身與文身
> 凡愚於此成計著　　猶如大象溺深泥[1]

這即是說若依名身、句身、文身來理解經論,便落於虛妄分別,由是失去經論的密意、失去佛與菩薩的真實說。所以在《大涅槃經》中,佛說「四依」(依法不依人、依義不依語、依智不依識、依了義不依不了義),都是依真實而不依虛妄分別,其中的「依義不依語」,正說明讀經論須依密意而非依言說文字作理解。佛將這一點看得很嚴重,在經中更有頌言 ——

---

[1] 依拙譯《入楞伽經梵本新譯》,第二品,頌172。台北:全佛文化,2005。下引同。

> 彼隨語言作分別　　即於法性作增益
> 以其有所增益故　　其人當墮入地獄[2]

這個頌便是告誡學佛的人不應依言說而誹謗密意，所以在經中便有如下一段經文——

> 世尊告言：大慧，三世如來應正等覺有兩種教法義（dharma-naya），是為言說教法（deśanā-naya）、自證建立教法（siddhānta-pratyavasthāna-naya）。

> 云何為言說教法之方便？大慧，隨順有情心及信解，為積集種種資糧而教導經典。云何為觀修者離心所見分別之自證教法？此為自證殊勝趣境，不墮一異、俱有、俱非；離心意意識；不落理量、不落言詮；此非墮入有無二邊之外道二乘由識觀可得嚐其法味。如是我說為自證。[3]

由此可知佛的密意，即是由佛內自證所建立的教法，只不過用言說來表達而已。如來藏即是同樣的建立，如來法身不可思議、不可見聞，由是用分別心所能認知的，便只是如來法身上隨緣自顯現的識境。所以，如來法身等同自證建立教法，顯現出來的識境等同言說教法，能認知經論的密意，即如認知如來法身，若唯落於言說，那便是用「識觀」來作分別，那便是對法性作增益，增益一些識境的名言句義於法性上，那便是對佛密意的誹謗、對法性的損害。

這樣，我們便知道理解佛家經論密意的重要，若依文解字，便是將識境的虛妄分別，加於無分別的佛內自證智境上，

2　同上，第三品，頌34。
3　同上，第三品，頁151。

將智境增益名言句義而成分別，所以佛才會將依言說作分別看得這麼嚴重。

二　智識雙運

由上所說，我們讀經論的態度便是不落名言而知其密意，在這裡強調的是不落名言，而不是屏除名言，因為若將所有名言都去除，那便等於不讀經論。根據言說而不落言說，由是悟入經論的密意，那便是如來藏的智識雙運，亦即是文殊師利菩薩所傳的不二法門。

我們簡單一點來說智識雙運。

佛內自證智境界，名為如來法身。這裡雖說為「身」，其實只是一個境界，並非有如識境將身看成是個體。這個境界，是佛內自證的智境，所以用識境的概念根本無法認知，因此才不可見、不可聞，在《金剛經》中有偈頌說 ——

若以色見我　以音聲求我
是人行邪道　不能見如來

色與音聲都是識境中的顯現，若以此求見如來的法身、求見如來的佛內智境，那便是將如來的智境增益名言，是故稱為邪道。

如來法身不可見，因為遍離識境。所以說如來法身唯藉依於法身的識境而成顯現，這即是依於智識雙運而成顯現。經論的密意有如如來法身，不成顯現，唯藉依於密意的言說而成顯現，這亦是依於智識雙運而成顯現。如果唯落於言說，那便有如「以色見我，以音聲求我」。當然不能見到智境、不能見

到經論的密意。不遣除言說而見密意，那便是由智識雙運而見，這在《金剛經》中亦有一頌言（義淨譯）——

> 應觀佛法性　即導師法身
> 法性非所識　故彼不能了

是即不離法性以見如來法身（導師法身），若唯落識境（言說），即便不能了知法性，所謂不離法性而見，便即是由智識雙運的境界而見，這亦即是不二法門的密意，雜染的法與清淨的法性不二，是即於智識雙運的境界中法與法性不二。

然而，智識雙運的境界，亦即是如來藏的境界，筆者常將此境界比喻為螢光屏及屏上的影像，螢光屏比喻為如來法身，即是智境；法身上有識境隨緣自顯現，可比喻為螢光屏上的影像，即是識境。我們看螢光屏上的影像時，若知有螢光屏的存在，那便知道識境不離智境而成顯現（影像不離螢光屏而成顯現），因此無須離開影像來見螢光屏（無須離開言說來見密意），只須知道螢光屏唯藉影像而成顯現（密意唯藉言說而成顯現），那便可以認識螢光屏（認識經論的密意）。這便即是「應觀佛法性，即導師法身」，也即是「四依」中的「依義不依語」、「依智不依識」、「依了義不依不了義」。

簡單一點來說，這便即是「言說與密意雙運」，因此若不識如來藏，不知智識雙運，那便不知經論的密意。

三　略說如來藏

欲知佛的密意須識如來藏，佛的密意其實亦說為如來藏。支那內學院的學者呂澂先生，在〈入楞伽經講記〉中說——

> 此經待問而說，開演自證心地法門，即就眾生與佛共同心地為言也。

> 自證者，謂此心地乃佛親切契合而後說，非臆測推想之言。所以說此法門者，乃佛立教之本源，眾生入道之依處。[4]

由此可見他實知《入楞伽經》的密意。其後更說——

> 四門所入，歸於一趣，即如來藏。佛學而與佛無關，何貴此學，故四門所趣必至於如來藏，此義極為重要。[5]

所謂「四門」，即《入楞伽經》所說的「八識」、「五法」、「三自性」及「二無我」，呂澂認為這四門必須歸趣入如來藏，否則即非佛學，因此他說——

> 如來藏義，非楞伽獨倡，自佛說法以來，無處不說，無經不載，但以異門立說，所謂空、無生、無二、以及無自性相，如是等名，與如來藏義原無差別。[6]

佛說法無處不說如來藏、無經不載如來藏，那便是一切經的密意、依內自證智而說的密意；由種種法異門來說，如說空、無生等，那便是言說教法，由是所說四門實以如來藏為密意，四門只是言說。

呂澂如是說四門——

---

[4]　《呂澂佛學論著選集》卷二，頁 1217，齊魯書社，1991。下引同。
[5]　同上，頁 1261。
[6]　同上。

> 前之四法門亦皆說如來藏,何以言之?八識歸於無
> 生,五法極至無二,三性歸於無性,二空歸於空
> 性,是皆以異門說如來藏也。

這樣,四門實在已經包括一切經論,由是可知無論經論
由那一門來立說,都不脫離如來藏的範限。現在且一說如來藏
的大意。

認識如來藏,可以分成次第 ——

一、 將阿賴耶識定義為雜染的心性,將如來藏定義
為清淨的心性,這樣來理解便十分簡單,可以
說心受雜染即成阿賴耶識,心識清淨即成如來
藏心。

二、 深一層次來認識,便可以說心性本來光明清
淨,由於受客塵所染,由是成為虛妄分別心,
這本淨而受染的心性,便即是如來藏藏識。本
來清淨光明的心性,可以稱為如來藏智境,亦
可以稱為佛性。

三、 如來藏智境實在是一切諸佛內自證智境界,施
設名言為如來法身。如來法身不可見,唯藉識
境而成顯現。這樣,藉識境而成顯現的佛內自
證智境便名為如來藏。

關於第三個次第的認識,可以詳說 ——

如來法身唯藉識境而成顯現,這個說法,還有密意。一
切情器世間,實在不能脫離智境而顯現,因為他們都要依賴如
來法身的功能,這功能說為如來法身功德。所以正確地說,應

該說為：如來法身上有識境隨緣自顯現，當這樣說時，便已經有兩重密意：一、如來法身有如來法身功德；二、識境雖有如來法身功德令其得以顯現，可是還要「隨緣」，亦即是隨著因緣而成顯現，此顯現既為識境，所依處則為如來法身智境，兩種境界雙運，便可以稱為「智識雙運界」。

甚麼是「雙運」？這可以比喻為手，手有手背與手掌，二者不相同，可是卻不能異離，在名言上，即說二者為「不一不異」，他們的狀態便稱為雙運。

如來法身智境上有識境隨緣自顯現，智境與識境二者不相同，可是亦不能異離，沒有一個識境可以離如來法身功德而成立，所以，便不能離如來法身而成立，因此便說為二者雙運，這即是智識雙運。

如來法身到底有甚麼功能令識境成立呢？第一，是具足周遍一切界的生機，若無生機，沒有識境可以生起，這便稱為「現分」；第二，是令一切顯現能有差別，兩個人，絕不相同，兩株樹，亦可以令人分別出來，識境具有如是差別，便是如來法身的功能，稱為「明分」，所謂「明」，即是能令人了別，了了分明。

智境有這樣的功能，識境亦有它自己的功能，那便是「隨緣」。「隨緣」的意思是依隨著緣起而成顯現。這裡所說的緣起，不是一般所說的「因緣和合」，今人說「因緣和合」，只是說一間房屋由磚瓦木石砌成；一隻茶杯由泥土瓷釉經工人燒製而成，如是等等。這裡說的是甚深緣起，名為「相礙緣起」，相礙便是條件與局限，一切事物成立，都要適應相礙，例如我們這個世間，呼吸的空氣，自然界的風雷雨電，如是等等都要適應。尤其是對時空的適應，我們是三度空間的生

命,所以我們必須成為立體,然後才能夠在這世間顯現。這重緣起,說為甚深秘密,輕易不肯宣說,因為在古時候一般人很難瞭解,不過對現代人來說,這緣起便不應該是甚麼秘密了。

這樣來認識如來藏,便同時認識了智識雙運界,二者可以說為同義。於說智識雙運時,其實已經表達了文殊師利法門的「不二」。

四　結語

上來已經簡略說明密意、智識雙運與如來藏,同時亦據呂澂先生的觀點,說明「無經不載如來藏」,因此凡不是正面說如來藏的經論,都有如來藏為密意,也即是說,經論可以用法異門為言說來表達,但所表達的密意唯是如來藏(亦可以說為唯是不二法門),因此我們在讀佛典時,便應該透過法異門言說,來理解如來藏這個密意。

例如說空性,怎樣才是空性的究竟呢?如果認識如來藏,就可以這樣理解:一切識境實在以如來法身為基,藉此基上的功能而隨緣自顯現,顯現為「有」,是即說為「緣起」,緣起的意思是依緣生起,所以成為有而不是成為空。那麼,為甚麼又說「性空」呢?那是依如來法身基而說為空,因為釋迦將如來法身說為空性,比喻為虛空,還特別聲明,如來法身只能用虛空作為比喻,其餘比喻都是邪說,這樣一來,如來法身基(名為「本始基」)便是空性基,因此在其上顯現的一切識境,便只能是空性。此如以水為基的月影,只能是水性;以鏡為基的鏡影,只能是鏡性。能這樣理解性空,即是依如來藏密意而成究竟。

　　以此為例，即知凡說法異門實都歸趣如來藏，若不依如來藏來理解，便失去密意。因此，本叢書即依如來藏來解釋一些經論，令讀者知經論的密意。這樣來解釋經論，可以說是一個嘗試，因為這等於是用離言來解釋言說，實在並不容易。這嘗試未必成功，希望讀者能給予寶貴意見，以便改進。

談錫永

2011年5月19日七十七歲生日

引言

引言

　　釋迦初說如來藏，即說本經，如來藏教法為三轉法輪時所說，但說本經卻早於三轉法輪時。最早的漢譯為西晉法炬所譯，時當公元三世紀頃。如來藏法門在西元二世紀時已有傳播，據多羅那他（Tāranātha）的《印度佛教史》，於月密王（Candragupta）時，為龍樹（Nāgārjuna）弟子聖天阿闍梨（Ācārya Āryadeva）的弘法時代，此時印度南方有阿闍梨龍召（Ācārya Nāgāhvāya），其密號為如來賢（Tathāgatadhadra），亦為龍樹弟子，撰有《如來藏讚》（sNying po'i bstod pa），及《三身頌讚》（sKu gsum la bstod pa）都說如來藏。後者用如來藏來說法報化三身，已經是如來藏的深密義，由此可見當時雖然以弘傳如來藏的方便說為主，但阿闍梨實在已弘傳其密意。近人將如來藏思想分別為前、中、後期，由是即知實非真相。除非他們把龍召撰述《三身頌讚》的時期，判為後期如來藏思想。龍召在 Vidyānagara 城傳播如來藏，即使孩童亦曉得唱《如來藏經》（De bzhin gshegs pa'i snying po'i mdo）的偈頌，想像當時，龍召實以唱誦來傳播如來藏法門，這是方便。

　　現在有些學者，不但將如來藏思想分為初中後期，還把傳播如來藏法門的年代，推遲至西元六、七世紀，這顯然不合理。如來藏法門傳入漢地甚早，可以說，漢地自有佛典傳譯以來即有如來藏法門，如果承認龍召曾傳如來藏的說法，在時間上便很合理，二世紀時龍召傳播，三世紀時有漢譯，同時有如來藏法門在漢地傳播，那便是很自然的事。

　　其實於三轉法輪之前，已有文殊師利系列經典出現，說

不二法門。此不二法門即是如來藏，因為說的都是智識雙運
界，唯一的差別，只是於說不二法門時未有說瑜伽行用來觀
修，於三轉法輪，釋迦開頭即說瑜伽行，實即說觀修的差別。
有這樣的差別亦可以理解，於說不二法門時，釋迦只說般若，
以六波羅蜜多為觀修，因此便不宜宣說瑜伽行法門，及至正說
如來藏，強調智識雙運，強調究竟轉依（見下說），這時候行
者便無捨離、無所得，不限於無分別，因此不能說轉捨阿賴耶
識、依得真如，由是便非說瑜伽行為觀修止觀的法門不可。也
就是說，於說不二法門時未以觀修為主，只建立雙運見，於正
說如來藏時，實以說觀修為目的，以期學人能究竟轉依如來
藏。既然在三轉法門前已說文殊師利不二法門，那麼，還怎能
說如來藏有前、中、後期的分別？若這樣說時，文殊師利便比
釋迦超勝，他可以由說不二法門來表達如來藏的究竟見，釋迦
牟尼的如來藏說，反而要由後人一步一步來成熟，這顯然是對
釋迦的誹謗。

說釋迦早於三轉法輪時說本經，詳見下來所說。這個說
法若能成立，那便可以說，釋迦說如來藏比文殊師利說不二法
門還要早，然而本經亦未說觀修，當然亦未說瑜伽行，這亦與
不二法門系列經典相同，說不二法門而未說瑜伽行，因為不二
法門不說究竟轉依。

此經原有四漢譯，今只傳兩種——

　　一、　大方等如來藏經，東晉佛陀跋陀羅
　　　　（Buddhabhadra，覺賢 359-429）譯

　　二、　大方廣如來藏經，唐代不空（Amoghavajra，不
　　　　空金剛 705-774）譯

兩譯比較，唐譯文字較多，這未必是晉譯本有所刪節，很可能
是所據的梵本有詳略的不同，然而兩譯所言大致無異，對如來
藏的說法，亦毫無二致。

至於西藏譯本則僅得一種，為釋迦光（Śākyaprabha）與
智軍（Ye shes sde）所譯，題為'Phags pa de bshin gshegs pa'i
snying po shes bya ba theg pa chen po'i mdo，對譯為梵文，即是
Ārya-tathāgata-garbha-nāma-mahāyāna-sūtra，意為《聖如來藏名
大乘經》。藏譯與唐譯相近。

《如來藏經》既為早期所說，所以文字上未說深密義，
他只突出一點：一切眾生皆有如來藏，常住不變。然後用九種
喻說如來藏為煩惱所纏，所以眾生不自知有如來藏。這是如來
藏的根本思想，由此可以將一切眾生心性的清淨分說為如來
藏，雜染分說為阿賴耶識，再向下建立，便可以說如來藏是清
淨心的境界，阿賴耶是雜染心的境界。[1]經中說九種密義，即
是 說 清 淨 心 與 雜 染 心 ， 此 為 後 來 《 寶 性 論 》
（Ratnagotravibhāga）所引用，有頌言 ——

> 萎華中佛蜂腹蜜　　皮殼中實糞中金
> 地中寶藏種中芽　　破朽衣中勝者像
> 貧醜女懷輪王胎　　泥模之中藏寶像
> 住於有情如來性　　客塵煩惱垢覆障[2]

此九喻即為：1 萎華中佛、2 蜂腹中蜜、3 皮殼中實、4 糞

---

[1] 我們可以這樣理解，由外義至密義說如來藏，有三個層次。第一個層次，
說如來藏是清淨心的境界，阿賴耶是雜染心的境界；第二個層次，說如來
藏是：如來法身功德與隨緣自顯現的識境雙運；第三個層次，說如來藏
是：如來法身與如來法身功德雙運。

[2] 依拙譯《寶性論梵本新譯》第一品，頌96-97。台北：全佛文化，2006。下
引同。

中金、5 地中寶藏、6 種中芽、7 破朽衣中勝者像、8 貧醜女懷中輪王胎、9 泥模中寶像。

在經中未說九喻所喻，於《寶性論》則說為依次比喻九種煩惱：

1・貪隨眠性相煩惱（rāgānuśayalakṣana-kleśa）

2・瞋隨眠性相煩惱（dveṣānuśayalakṣana-kleśa）

3・癡隨眠性相煩惱（mohānuśayalakṣana-kleśa）

4・貪瞋癡隨眠增上相煩惱
（tivrarāgadveṣamohaparyavasthānalakṣana-kleśa）

5・無明住地所攝煩惱
（avidyāvāsabhūmisaṃgṛhīta-kleṣa）

6・見道所斷煩惱（darśanaprahātavya-kleśa）

7・修道所斷煩惱（bhāvanprahātvya-kleśa）

8・不淨地所攝煩惱（aśuddhabhūmigata-kleśa）

9・淨地所攝煩惱（śuddhabhūmigata-kleśa）[3]

這九種煩惱，通攝凡夫、資糧道學人、未淨地菩薩學人（初地至七地）、清淨地菩薩學人（八地至十地），他們都是眾生。須斷盡此九種煩惱，然後才能至無學道（佛地）。關於這九種煩惱，將於詮釋正文時分別詳說。現在且依《寶性論》通說此九種煩惱的自性。

---

[3]　參《寶性論梵本新譯》第一品，〈明九喻所喻〉。

　　初，1至3分別說貪、瞋、癡隨眠性相的煩惱，即謂世間有情即使能離貪等，但仍然有諸煩惱，正由於有這些煩惱，小乘行人才會在禪定中入心識不動的境界，這種禪定稱為「不動地」（āniñjyasṃskāra）[4]。以不動地為因，即能離欲界而入色界及無色界，雖然如此，但定中之所得依然是煩惱，這些煩惱須由「出世間智」斷除。如是即是貪、瞋、癡隨眠性。

　　次，第4種貪、瞋、癡隨眠增上相煩惱，為凡夫所攝。這些煩惱成為福與非福的因，得欲界果報，須由修對治觀來斷除。由於凡夫貪、瞋、癡煩惱等起，所以便不再分別為三種。

　　三，第5種無明住地所攝煩惱，為阿羅漢所攝，能成為生起無漏業之因，得成就無垢意生身。這種煩惱能為「如來覺智」所斷除。

　　四，第6種見道所斷煩惱，為凡夫學人所攝，「初出世間智」能斷；第7種修道所斷煩惱，為聖者學人所攝，依「出世間見修習智」能斷。

　　五，第8種不淨地所攝煩惱，為初至七地菩薩所攝，依所攝煩惱而修對治，即八地至十地的「修道智」能斷，其所對治及斷除即是這種煩惱；第9種淨地所攝煩惱，為八至十地菩薩所攝，依所攝煩惱而修對治，唯金剛喻地能斷。

　　說「斷盡此九種煩惱」，其實亦是方便說，現證如來藏實無所斷除亦無所得，用瑜伽行派的道名言，便說為「究竟轉

---

[4]　āniñjyasaṃskāra，漢譯「不動地」，指二乘於三摩地中，不為貪等所動之禪定境界，其實應該稱為「不動定」，因為說「不動地」時很可能跟菩薩第八不動地混淆。

依」。在《辨法法性論》（*Dharmadharmatāvibhaṅga*）中，即詳說此究竟轉依。然而轉依實有兩種，一是唯識今學的轉依（āśrayaparavṛtti），一是究竟轉依（āśrayaparivṛtti），對此亦須一說。

一、唯識今學的轉依，是轉捨阿賴耶識而依真如。在《成唯識論》中，說真如為「迷悟依」，若迷，則依如而生死；若悟，則依如而涅槃。因此，轉依的定義便是 ——

> 愚夫顛倒，迷此真如，故無始來受生死苦；聖者離倒悟此真如，便得涅槃畢究安樂。由數修習無分別智，斷本識中二障粗重故，能轉滅依如生死，及能轉證依如涅槃，此即真如離雜染性。如雖淨而相雜染，故雜染時假設新淨，即此新淨說為轉依。[5]

這樣說，所謂轉依，便是轉捨阿賴耶識（本識）中的二障，由是轉滅依如生死（迷），轉證依如涅槃（悟）。將這種轉依義對應《如來藏經》，便可以說，迷此真如而成煩惱，由是即成為真如的障，凡夫因此即不識如來藏，當識如來藏時便悟入真如，有如萎華中見佛。

第二種轉依名為究竟轉依，為瑜伽行古學所說。此究竟轉依，實即是：由依於有分別的心識，轉為依於無分別的如來藏，那便只是心識境界的轉變。由此轉變，即能由虛妄分別心識，轉為無分別智境界，因此沒有捨離的作意，亦沒有所得。這樣才能說成佛不是新得，證智亦不是新得一個智，只可以說為如來藏顯露。

5　見《成唯識論》卷十，大正・三十一，no. 1585，頁51。

　　在瑜伽行派論典中，世親《佛性論》引《大寶積經‧普明菩薩會》（大迦葉品）的一個比喻，說有黑暗住於室中千年，當有人持燈入室時，光明剎那現前，黑暗同時退卻。世親說：黑暗不能說我住此室千年之久，所以光明來時我可不去。這個比喻即是說轉依。當無分別智境（如來藏）現前時，分別心即同時不現前，由是行者只須令無分別智現前，便有如持燈入千年暗室，如是即是究竟轉依。此中無所捨離，持燈的人不須作意要捨離黑暗，當黑暗離去之後，我才持燈入室；此中亦無所得，持燈的人不須說我要此室得到光明。

　　將這究竟轉依對應本經，便可以說，學人由見萎華同時見佛。這裡的重點是「同時」，所以不是先見萎華然後見佛，亦不是先見佛然後見萎華。這便是九種如來藏喻的密意。由此密意，即知本經所說實為究竟轉依，而不是唯識今學所說的阿賴耶轉依。

　　經中雖然未正說轉依，但實際上已經以表達轉依為密意，於讀本經時須注意及此。

　　下面疏釋經文，即以上來所說為基礎，然後依如來藏九種喻，一一說其密意，上來所說即不重覆，讀者須知，於別說九種密意時，其實不離上來的通說。必須如此理解，然後才知道本經的價值之所在，不但引導學人入如來藏之門，實在已經兼說地前、地上等各地位所應斷的煩惱，這就與如來藏的觀修有關，並不是只說見地。

　　三轉法輪諸經，凡說如來藏，都說為「獅子吼」；都說為如來的密意，這種情形，為誹撥如來藏的人所不肯說。然如

來藏諸經，實由本經作前導，所以本經所說雖然簡略，但已顯示如來藏實為智識雙運，亦可以說是清淨與雜垢雙運，這已經是如來藏的根本思想。在如來藏諸經中，還顯示無作意、無捨離、無整治，這些觀修見地則不見於本經中，因為作為前導的經，實在不必要將觀修的深密義顯示，否則便非前導，因此讀者於研讀本經時，不可僅依本經來理解如來藏的深密見與深密的觀修，僅依本經入如來藏之門即可。說如來藏觀修的經典，在《大寶積經》中，有《無邊莊嚴會》一經，即說觀修如來藏的陀羅尼門，研究如來藏的人應該參考，可惜此經於近代已受人忽視，筆者已疏釋《無邊莊嚴會》的密意，收本叢書系列，希望通過系統地疏釋經論中的如來藏密意，能令如來藏這究竟法門，更不受誹謗，而能導人入佛家的究竟見，以及理解對此究竟見的觀修脈絡。

更者，比對藏譯，則晉唐二譯都有些缺憾，未能將一些微妙處譯出，本來在疏釋時想隨文校勘，但後來發覺，這樣一來便反更瑣碎，令疏文不能一氣呵成。因此，現在把全數分為兩篇，上篇疏晉譯及唐譯，下篇則釋依藏文而譯的新譯[6]。譯時，盡量用唐譯的名言，若須改譯，則於腳著中說明。依藏文可見的密意，亦於新譯文下附出，標為「新疏」。新疏中所說，可以補充依漢譯而疏的疏文，敬希讀者指正。

[6] 此新譯乃依 Michael Zimmermann 教授的校訂本而翻，詳見 Michael Zimmermann, *A Buddha Within: The Tathāgatagarbhasūtra.* Bibliotheca Philologica et Philosophica Buddhica VI, The International Research Institute for Advanced Buddhology. Tokyo: Soka University, 2002。

上篇：《如來藏經》晉譯及唐譯

《如來藏經》

梵名：*Ārya-tathāgata-garbha-nāma-mahāyāna-sūtra*

藏名：*'Phags pa de bshin gshegs pa'i snying po shes*
bya ba theg pa chen po'i mdo

（譯言：聖如來藏名大乘經）

漢名：1 大方等如來藏經　東晉佛陀跋陀羅譯

（以下稱晉譯）

2 大方廣如來藏經　唐不空三藏譯

（以下稱唐譯）

〔前分〕

【晉譯】 如是我聞：一時佛在王舍城耆闍崛山中，寶月講堂
栴檀重閣，成佛十年，與大比丘眾百千人俱。菩薩
摩訶薩六十恒河沙，皆悉成就大精進力，已曾供養
百千億那由他諸佛，皆悉能轉不退法輪。若有眾生
聞其名者，於無上道終不退轉。其名曰：法慧菩
薩、師子慧菩薩、金剛慧菩薩、調慧菩薩、妙慧菩
薩、月光菩薩、寶月菩薩、滿月菩薩、勇猛菩薩、
無量勇菩薩、無邊勇菩薩、超三界菩薩、觀世音菩
薩、大勢至菩薩、香象菩薩、香上菩薩、香上首菩
薩、首藏菩薩、日藏菩薩、幢相菩薩、大幢相菩
薩、離垢幢菩薩、無邊光菩薩、放光菩薩、離垢光
菩薩、喜王菩薩、常喜菩薩、寶手菩薩、虛空藏菩
薩、離憍慢菩薩、須彌山菩薩、光德王菩薩、總持
自在王菩薩、總持菩薩、滅眾病菩薩、療一切眾生
病菩薩、歡喜念菩薩、饜意菩薩、常饜菩薩、普照
菩薩、月明菩薩、寶慧菩薩、轉女身菩薩、大雷音
菩薩、導師菩薩、不虛見菩薩、一切法自在菩薩、
彌勒菩薩、文殊師利菩薩，如是等六十恒河沙菩薩
摩訶薩，從無量佛剎，與無央數天龍、夜叉、乾闥
婆、阿修羅、迦樓羅、緊那羅、摩睺羅伽俱，悉皆
來集，尊重供養。

〔前分〕

【唐譯】　如是我聞：一時婆伽梵住靈鷲山寶蓋鹿母宅，於栴檀藏大樓閣中，成等正覺十年之後，當熱時際，與大苾芻眾千人俱，有學、無學、聲聞、羅漢，諸漏已盡無復煩惱，皆得自在，心善解脫，慧善解脫，獲得正智，猶如大龍，所作已辦。捨棄重擔，逮得已利，盡諸有結，到於彼岸。所謂具壽大迦葉波、具壽漚樓頻蠡迦葉波、具壽那提迦葉波、具壽伽耶迦葉波、具壽大迦旃延、具壽俱郗羅、具壽薄俱羅、具壽離波多、具壽須菩提、具壽滿慈子、具壽語自在、具壽舍利子、具壽大目揵連、具壽憍陳如、具壽烏陀夷、具壽羅呼羅、具壽難陀、具壽鄔波難陀、具壽阿難陀，與如是等上首苾芻一千人俱。復有六十殑伽河沙數菩薩摩訶薩俱。從種種佛剎而來集會，皆是一生補處。得大神通力無所畏，已曾承事無量俱胝那庾多百千諸佛，悉皆能轉不退法輪。若有無量阿僧祇世界有情纔稱名者，皆於阿耨多羅三藐三菩提得不退轉。所謂法慧菩薩、師子慧菩薩、虎慧菩薩、義慧菩薩、勝慧菩薩、月光菩薩、寶月光菩薩、滿月光菩薩、大勇健菩薩、無量勇健菩薩、無邊勇健菩薩、三世勇健菩薩、得大勢菩薩、觀自在菩薩、香象菩薩、香悅菩薩、香悅吉祥菩薩、吉祥藏菩薩、計都菩薩、大幢菩薩、無垢幢菩薩、無上幢菩薩、極解寶剎菩薩、無垢寶剎菩薩、歡喜王菩薩、常歡喜菩薩、虛空庫菩薩、迷盧菩薩、大迷盧菩薩、蘇迷盧菩薩、功德寶光菩薩、

文殊師利

【唐譯】 陀羅尼自在王菩薩、持地菩薩、除一切有情病菩薩、歡喜意菩薩、憂悲意菩薩、無憂菩薩、光藏菩薩、栴檀菩薩、於此無爭菩薩、無量雷音菩薩、起菩提行菩薩、不空見菩薩、一切法自在菩薩、慈氏菩薩、曼殊室利童真菩薩，如是等而為上首，有六十殑伽沙數菩薩摩訶薩俱。復有無量世界中。無量阿僧祇天龍、藥叉、捷達嚩、阿蘇羅、孽嚕茶、緊那羅、摩呼羅伽、人非人等，皆來集會。

復有國王大臣寮佐，長者居士及諸人眾，皆來集會。爾時世尊，與百千眾前後圍遶，恭敬供養。

【疏】　這本經說是釋迦成佛十年後所說，釋迦說法共四十年，照這說法，那麼這便是早期所說的經典，也就是說，釋迦早期便已說如來藏。

通閱如來藏系列經典，本經雖有密意，但內容卻比較簡單，只說如來藏九喻，所以可以認定這是釋迦初說如來藏時所說。現代有些學者，喜歡將經論依照他們宗派的見地來分期，因此認為一種學說不應該在某種學說之前出現，假如出現，那就必是偽經偽論。倘若持著這種態度來看本經，應該又會生疑，認為如來藏是三轉法輪所說，那就不可能是成佛十年後所說的經。這種依宗見而硬性分期的態度，其實未必合理。例如，瑜伽行的三自性，即遍計、依他、圓成自性，被認定為三轉法輪的法門，可是，在二轉法輪的般若經中便已談到三自性，如《八千頌般若》（Aṣṭasāhasrikāpiṇḍārtha）云──

　　般若波羅蜜　　說三種依止[1]

那麼，是否可以將《八千頌般若》視為偽經呢？

此外，前面已經說過，根據多羅那他《印度佛教史》，於龍樹弟子提婆阿闍梨的弘法時代，在印度南方有阿闍梨龍召，密號如來賢（Tathāgatabhadra），他亦是龍樹的弟子，然而他卻以廣弘本經著稱，於南方一帶，連小孩子都將本經的偈頌當歌來唱。如果又硬性分期，便可以說龍樹和提婆只說緣起，那個時期不應該有如來藏的法門

---

[1]　依宋施護譯《佛母般若波羅蜜多圓集要義論》，大正・1518，頁913b。

弘揚。那麼，便又可以否定多羅那他的說法。由此可見，依宗見將法門分期的做法未必合理。反之，本經明說為釋迦成佛十年後所說，我們便不妨認定釋迦成佛十年即已說如來藏，其後於三轉法輪時才加以廣說。

關於聞法者，晉譯只列菩薩名號，唐譯則有各大聲聞的名號，這未必是所據梵本不同。將兩譯比較，晉譯可能只是節譯，譯者認為如來藏法門非聲聞眾所學，由是便將各大聲聞的名號省略。

在這裡，須注意聞法的聲聞與菩薩所具的功德。依唐譯，聲聞所具的功德是：「諸漏已盡無復煩惱，皆得自在，心善解脫，慧善解脫，獲得正智，猶如大龍，所作已辦。捨棄重擔，逮得已利，盡諸有結，到於彼岸。」那就是已得證智的大聲聞；菩薩的功德是：「皆是一生補處。得大神通力無所畏，已曾承事無量俱胝那庾多百千諸佛，悉皆能轉不退法輪。」那就是等覺菩薩。此即說，本經的聞法對象唯是到彼岸者、不退轉者。餘聞法者，則可視為隨喜。指出這點很重要，因為如來藏是究竟教法，是故便須突出堪能聞法的資格。

【晉譯】 爾時世尊於栴檀重閣，正坐三昧而現神變。有千葉蓮華大如車輪，其數無量，色香具足而未開敷，一切花內皆有化佛，上昇虛空彌覆世界猶如寶帳。一一蓮花放無量光，一切蓮花同時舒榮。佛神力故，須臾之間皆悉萎變。其諸花內一切化佛結加趺坐，各放無數百千光明。於時此剎莊嚴殊特，一切大眾歡喜踊躍，怪未曾有，咸有疑念：今何因緣無數妙花忽然毀變，萎黑臭穢甚可惡饜。

【唐譯】 爾時世尊於栴檀藏大樓閣中。食時後入佛神力故，從栴檀藏忽然涌出俱胝那庾多百千蓮花。一一蓮花有俱胝那庾多百千葉，量如車輪，色香具足。是諸蓮花上昇虛空。遍覆一切諸佛剎土，共相合成，如寶宮殿安住虛空。彼一切俱胝那庾多百千蓮花皆悉開敷，於一一花中皆有如來結跏趺坐，具三十二大丈夫相放百千光。是時以佛威神力故。諸蓮花葉忽然痿瘁，形色臭穢而可厭惡，皆不悅意。於花胎中諸如來等，各放無量百千光明，普現一切諸佛剎土，皆悉端嚴。爾時一切菩薩及四部眾皆悉驚愕，生奇特想，怪未曾有。以佛世尊現作如是神通之事，大眾見斯咸懷疑惑，作是念言：何因緣現俱胝那庾多百千蓮花，於須臾頃形色變壞，甚可厭惡，無復悅意，於蓮花中現如來相，結跏趺坐放百千光明，如是光明令人愛樂。

【疏】　　晉譯節略，唐譯則廣。

此處顯明說本經的因緣。「從栴檀藏忽然涌出俱胝那庾多百千蓮花。一一蓮花有俱胝那庾多百千葉」，一俱胝（koṭi）或說為千萬，或說為一億；一那庾多（nayuta）或說為十億，或說為千億，二者合言，最大的數量可能是千億億，此即形容蓮花之多與蓮瓣之多，以此廣大無量的蓮花，上升虛空合成一寶帳，那就是「一即是多，多即是一」，這便是如來藏的密意。

如來法身是佛內自證智境界（pratyātmagati-gocara），並非個體，即使有俱胝那庾多眾生得證如來法身，此如來法身依然是一，因為佛內自證智境界只能是一，三世諸佛所證皆唯此一，這是一與多的一重密意。

復次，如來法身具如來法身功德，由此功德，令俱胝那庾多世間顯現，功德是一，世間是多，一功德能顯現多世間，這是一與多的另一重密意。

依此兩重密意，即成智識雙運界，可譬喻為彌覆世界的寶帳。這樣，由密意便將如來藏顯示出來。然而這個譬喻隱密，所以下來才用九種譬喻來顯示如來藏，是為落於言說的善巧方便。

經中更說萎花中見如來，這是九個譬喻中最先出的譬喻。在本經中，說如來藏為煩惱纏所纏，很明顯萎花中所見如來，即喻如來藏，至於萎花當然比喻為煩惱纏。九個譬喻都同一義理，只是所譬喻的煩

惱不同。這樣的譬喻其實只是如來藏的方便說，釋
迦初說如來藏時，不能立即便說究竟義。受煩惱所
纏的如來藏，實在是說佛種性，嚴格來說，佛種性
不同如來藏，不過，在眾生心識中的佛種性亦即如
來種姓，是故可以視為如來法身，由是亦當然同時
具有如來法身功德，法身與功德雙運，便即是如來
藏，因此萎花中見如來的譬喻，雖未明顯地表示如
來藏的究竟義，但亦與究竟義不相違。

【晉譯】 爾時世尊知諸菩薩大眾所疑,告金剛慧:善男子,
於佛法中諸有所疑,恣汝所問。時金剛慧菩薩知諸
大眾咸有疑念,而白佛言:世尊。以何因緣。無數
蓮花中皆有化佛,上昇虛空彌覆世界,須臾之間皆
悉萎變,一切化佛各放無數百千光明,眾會悉見,
合掌恭敬。

【唐譯】　爾時金剛慧菩薩摩訶薩，及諸大眾皆悉雲集於栴檀藏大樓閣中恭敬而坐。爾時世尊告金剛慧菩薩摩訶薩言：汝善男子，今應可問如來應正等覺甚深法要。爾時金剛慧菩薩摩訶薩承佛聖旨，普為一切天人世間，菩薩摩訶薩及四部眾懷疑惑故。白佛言：世尊，以何因緣，一切世界現於俱胝那庾多百千蓮花，一切於花胎中皆有如來，結跏趺坐放百千光。是諸蓮花，忽然之間形色可惡而令生厭，於彼花中俱胝那庾多百千如來，合掌而住，儼然不動。

【疏】　佛經中問佛的菩薩，其名號常常點出一經的主題，本經由佛囑咐金剛慧菩薩請問甚深法要，所以金剛慧這個名號，便與本經的主題有關，也可以說，只能用「金剛慧」才能了知如來藏。

甚麼是金剛慧，即是通達諸法實相的智慧，以此智慧破除諸相。在《維摩詰所問經》中，諸菩薩說入不二法門，獅子菩薩說言：「罪福為二，若達罪性則與福無異，以金剛慧決了此相，無縛無解者，是為入不二法門。」[2] 這即是說金剛慧可以破除罪相與福相，由是通達罪與福的實相，當了知實相時，則罪福不異。

獅子菩薩的名號，於日本正倉院聖語藏本（天平寫經）作獅子吼菩薩，凡說如來藏的經，都稱為獅子吼，因此說金剛慧通達諸法實相，亦即由金剛慧始能悟入如來藏。

如來藏有一密意，說為「大平等性」，一切世間平等，一切諸法平等，因為一切世間與一切諸法，都是如來法身上的隨緣自顯現，以此之故，即便平等，所以獅子菩薩才會說「以金剛慧決了此相，無縛無解者，是為入不二法門」。所謂「決了」，即是決定與了知，其所決了者，即是由悟入大平等性而悟入如來藏。

2　大正・十四，no. 475，頁550c。

龍樹菩薩

【晉譯】 爾時金剛慧菩薩，以偈頌曰 ——

我昔未曾覩　　神變若今日
見佛百千億　　坐彼蓮花藏

各放無數光　　彌覆一切刹
離垢諸導師　　莊嚴諸世界

蓮花忽萎變　　莫不生惡賤
今以何因緣　　而現此神化

我覩恒沙佛　　及無量神變
未曾見如今　　願為分別說

爾時世尊，告金剛慧及諸菩薩言：善男子，有大方
等經名如來藏，將欲演說，故現斯瑞。汝等諦聽善
思念之。咸言：善哉，願樂欲聞。

【唐譯】　爾時金剛慧菩薩摩訶薩以伽他問曰 ——

我曾不見如來相　　而作神通之變化
現佛無量千俱胝　　住蓮花胎寂不動

放千光明而影現　　悉皆映蔽諸佛剎
奇特於法而遊戲　　彼諸佛等悉端嚴

猶如妙寶而顯現　　於惡色蓮花中坐
是蓮花葉皆可惡　　云何作是大神通

我曾見佛如恒沙　　見彼殊勝神通事
我未曾見如是相　　如今遊戲之顯著

唯願天中尊說示　　何因何緣而顯現
唯願世利作哀愍　　為除一切諸疑惑

爾時世尊告金剛慧等上首菩薩，及一切眾菩薩言：
善男子，有大方廣如來藏經甚深法要，如來欲說，
是故先現如是色相。汝等善聽極善聽，作意思惟。
爾時金剛慧菩薩等一切菩薩摩訶薩言，善哉，世
尊，願樂欲聞。

【疏】　此段為金剛慧菩薩的正問，菩薩以偈頌請問於佛。

此處晉譯優於唐譯，晉譯言 ——

見佛百千億　坐彼蓮花藏
各放無數光　彌覆一切剎

這樣就與經文開端處，說「一即是多，多即是一」
關合，亦即所問能切合經的主題。唐譯這四句頌說
——

現佛無量千俱胝　住蓮花胎寂不動
放千光明而影現　悉皆映蔽諸佛剎

意思與晉譯全同，只是不用「彌覆」而用「映
蔽」，多即是一的意思便有點隱晦。

金剛慧菩薩於問佛時，說自己「我曾見佛如恒沙，
見彼殊勝神通事」，這兩句話表明自己過去世曾供
養諸佛，受諸佛教化，那就是說，堪能問佛的人，
於宿世都曾廣積福德智慧二種資糧，這樣才堪問究
竟義的法門。

不空金剛

〔正分〕

【晉譯】 佛言：善男子，如佛所化無數蓮花忽然萎變，無量
化佛在蓮花內，相好莊嚴，結加趺坐，放大光明，
眾覩希有，靡不恭敬。如是善男子，我以佛眼觀一
切眾生，貪欲恚癡諸煩惱中，有如來智、如來眼、
如來身，結加趺坐，儼然不動。善男子，一切眾
生，雖在諸趣，煩惱身中有如來藏，常無染污，德
相備足如我無異。又善男子，譬如天眼之人。觀未
敷花，見諸花內有如來身結加趺坐，除去萎花，便
得顯現。如是善男子，佛見眾生如來藏已，欲令開
敷，為說經法，除滅煩惱，顯現佛性。善男子，諸
佛法爾，若佛出世、若不出世，一切眾生如來之藏
常住不變，但彼眾生煩惱覆故。如來出世廣為說
法，除滅塵勞，淨一切智。善男子，若有菩薩信樂
此法，專心修學，便得解脫，成等正覺，普為世間
施作佛事。

〔正分〕

【唐譯】 佛言：善男子，如此如來變化蓮花，忽然之間成惡色相，臭穢可惡，令不愛樂，如是花中而現佛形，結跏趺坐，放百千光明，相好端嚴，人所樂見。如是知已，有多天龍、藥叉、健達嚩、阿蘇羅、孽路茶、緊那羅、摩呼羅伽，人非人等，禮拜供養，如是如是。善男子，如來應正等覺，以佛自己智慧光明眼，見一切有情，欲瞋癡貪，無明煩惱。彼善男子、善女人，為於煩惱之所凌沒，於胎藏中，有俱胝百千諸佛悉皆如我。如來智眼觀察彼等，有佛法體，結跏趺坐，寂不動搖，於一切煩惱染污之中，如來法藏本無搖動，諸有趣見所不能染。是故我今作如是言。彼等一切如來如我無異，善男子，如是如來以佛智眼，見一切有情如來藏。善男子，譬如以天妙眼，見於如是惡色惡香，諸蓮花葉纏裹逼迫，是以天眼見彼花中，佛真實體結跏趺坐。既知是已，欲見如來，應須除去臭穢惡業，為令顯於佛形相故，如是如是。善男子，如來以佛眼。觀察一切有情如來藏。令彼有情欲瞋癡貪無明煩惱藏，悉除遣故，而為說法。由聞法故，則正修行，即得清淨如來實體。善男子，如來出世、若不出世，法性法界一切有情，如來藏常恒不變。復次，善男子，若諸有情可厭煩惱藏纏，為彼除害煩惱藏故，淨如來智故，如來應正等覺為於菩薩而說法要，作如是事，令彼勝解。既勝解已，於法堅持，則於一切煩惱隨煩惱而得解脫。當於是時，如來應正等覺於其世間而得其數，是能作於如來佛事。

【晉譯】 爾時世尊以偈頌曰 ——

　　　　譬如萎變花　其花未開敷
　　　　天眼者觀見　如來身無染

　　　　除去萎花已　見無礙導師
　　　　為斷煩惱故　最勝出世間

　　　　佛觀眾生類　悉有如來藏
　　　　無量煩惱覆　猶如穢花纏

　　　　我為諸眾生　除滅煩惱故
　　　　普為說正法　令速成佛道

　　　　我已佛眼見　一切眾生身
　　　　佛藏安隱住　說法令開現

【唐譯】 爾時世尊說伽他曰 ——

如彼蓮花可厭惡　　并其胎葉及鬚蘂
譬如天眼而觀見　　是如來藏無所染

若能除去萎花葉　　於中即見如來身
復不被諸煩惱染　　則於世間成正覺

今我悉見諸有情　　內有如來微妙體
除彼千俱胝煩惱　　令厭惡如萎蓮花

我為彼等而除遣　　我智者常說妙法
佛常思彼諸有情　　悉皆願成如來體

我以佛眼而觀見　　一切有情住佛位
是故我常說妙法　　令得三身具佛智

【疏】　經入正文，佛即正說如來藏喻，第一喻即萎花中見如來。對於這個喻，晉譯說得簡明：「**一切眾生，雖在諸趣，煩惱身中有如來藏，常無染污，德相備足如我無異。**」唐譯文字雖多，其實亦不出此意。不過，佛在這裡說如來藏，亦只是方便說，比較三轉法輪時所說如來藏諸經即可知。例如在《勝鬘經》、《不增不減經》等諸經中所說，即便有更深廣的說法。

這裡所說的如來藏，只是說一切有情諸煩惱中，有如來智、如來眼[3]，這即是說一切有情都是佛種性。這佛種性是「法爾」，亦即自然具足，「**若佛出世、若不出世，一切眾生如來之藏常住不變**」。然則一切有情何以不見如來藏，即是因為：「**但彼眾生煩惱覆故。**」

這佛種性亦即是如來法身，所以唐譯便說為「**佛法體**」。可是唐譯為了強調如來法身的真實，便又說為「**佛真實體**」、「**清淨如來實體**」，這樣的翻譯，落他空見。所謂他空見，便即是清淨如來實體不空，如來實體上一切諸法皆空。一切諸法是外加在如來實體上的法，相對如來實體來說，便是「他」，所以說是「他空」。

由這裡可見，晉譯不落他空，唐譯則落他空。唐譯為不空三藏所譯，他是傳密法入中土的大師，所傳

---

[3]　晉譯「有如來智、如來眼、如來身」，依藏譯，應無「如來身」。藏譯合，如來藏非是如來身，可以說是如來智，由如來智而見，便即是「如來眼」。

為下三部密，亦即事密、行密、瑜伽密，這三部密的見地，依道名言可說為他空大中觀見，由是二譯譯者的見地便有分別。在藏傳密法中，覺囊派亦主他空大中觀，但他們卻是無上瑜伽密，依照甯瑪派的判別，不能說覺囊派錯，只是不究竟。

說如來藏即是說佛性，因有佛性，是故成佛便不是新得，只是佛性顯露，若一切有情無佛性，則必非新得一佛性不可，否則便不能成佛。所以有情有無佛性，便成為宗見的諍論。

所謂佛性，其實即是心性，亦即佛性當在一切有情的尋常心中。這尋常心的深密義，施設為阿賴耶識，若執著阿賴耶識為我，便流轉輪廻，若能還滅阿賴耶識，是即解脫涅槃。阿賴耶識還滅，便即是如來藏，所以《入楞伽經》說：如來藏名為藏識。經中所說的「如來藏藏識」實即依此而言。

《大乘起信論》說「一心二門」，將兩門並列是方便說，因為此論的目的只在「起信」，所以未說如來藏的深密義，但我們卻不能說他錯，因為一心中的「如來藏藏識」亦可以說為二門。若究竟說，則可以這樣理解，若只知阿賴耶識，那便落於識境，是即輪廻的因。若現證智識雙運的如來藏，是即還滅阿賴耶，所以智識雙運的如來藏便即是佛性，亦即如來法身與如來法身功德雙運。

由智識雙運的境界，可以成立法、報、化三身，如來法身固然是法身，但如來法身功德則可成就報身與化身。

偈頌末四句，晉譯作 ——

> 我已佛眼見　一切眾生身
> 佛藏安隱住　說法令開現

唐譯則作 ——

> 我以佛眼而觀見　一切有情住佛位
> 是故我常說妙法　令得三身具佛智

兩譯比較，晉譯只是說，佛的說法可令佛藏（如來藏）顯現，此與藏譯同，唐譯則添加一句，「令得三身具佛智」，雖然是添文，但亦不違法義，因為由佛智（根本智與後得智）可成就三身。譯師不空三藏為密法上師，故知此法義，這法義亦可以說是佛智的密意。

依《寶性論》說這個喻所譬喻的煩惱藏是貪煩惱，因此有頌說 ——

> 譬如泥中蓮　初開人貪悅
> 花萎人不喜　貪愛亦如是[4]

復有釋頌言 ——

> 譬如萎敗蓮華中　佛具千種光輝相
> 無垢天眼始得見　於敗蓮中出彼佛
>
> 是故善逝具佛眼　地獄亦見其法性
> 盡未來際大悲憫　解脫有情於此障

4　依拙譯《寶性論梵本新譯》，第一品，134頌。下引同。

　　萎蓮之中見善逝　　具天眼者綻花開
　　佛見世間如來藏　　貪瞋諸障以悲離[5]

這個譯頌已點出萎花中見如來的密意：一者，具
「無垢天眼」者，才能見到敗蓮中佛具千種光輝
相；二者，如來「具佛眼」，所以地獄中亦見有法
性，如是法性平等，周遍一切世間、周遍一切界；
三者，佛以大悲離世間諸障，由是即見如來藏。這
如來藏稱為「世間如來藏」，即表示一切世間皆由
如來法身功德所成立，所以這些世間不離如來法
身，亦即一切識境不離佛內自證智境。

5　同上，99-101頌。

【晉譯】　復次善男子，譬如淳蜜在巖樹中，無數群蜂圍繞守護。時有一人巧智方便，先除彼蜂，乃取其蜜，隨意食用，惠及遠近。如是，善男子。一切眾生有如來藏，如彼淳蜜在于巖樹，為諸煩惱之所覆蔽，亦如彼蜜群蜂守護。我以佛眼如實觀之，以善方便隨應說法，滅除煩惱，開佛知見，普為世間施作佛事。

爾時世尊以偈頌曰 ——

> 譬如巖樹蜜　　無量蜂圍繞
> 巧方便取者　　先除彼群蜂
>
> 眾生如來藏　　猶如巖樹蜜
> 結使塵勞纏　　如群蜂守護
>
> 我為諸眾生　　方便說正法
> 滅除煩惱蜂　　開發如來藏
>
> 具足無礙辯　　演說甘露法
> 普令成正覺　　大悲濟群生

【唐譯】 復次，善男子，譬如蜜房，懸於大樹，其狀團圓，有百千蜂遮護其蜜。求蜜丈夫以巧方便，驅逐其蜂而取其蜜，隨蜜所用。如是如是，善男子，一切有情猶如蜜房，為俱胝百千煩惱隨煩惱之所藏護，以佛智見，能知此已，則成正覺。善男子，如是蜜房，智者丈夫既知其蜜，亦復了知，於俱胝百千眾煩惱蜂之所守護。如是一切有情，以如來智見，知已成佛，於彼為俱胝百千煩惱隨煩惱之所遮覆，善男子如來以巧方便力，為害蜂者教諸有情，驅逐欲、瞋、癡、慢、憍、覆、忿、怒、嫉、慳煩惱隨煩惱故，如是說法。令諸有情不為煩惱之所染污，無復逼惱，亦不附近。善男子，云何此等有情，我以如來智見為淨除故，於諸世間而作佛事，善男子，以清淨眼，見諸有情如是清淨。

爾時世尊說伽陀曰 ——

猶如蜜房狀團圓　眾蜂護而所隱覆
求蜜丈夫而見已　悉皆驅逐於眾蜂

我見有情在三有　亦如蜜房無有異
俱胝眾生煩惱蜂　彼煩惱中如來住

我佛常為淨除故　害彼煩惱如逐蜂
以巧方便為說法　令害俱胝眾煩惱

云何成佛作佛事　常於世間如蜜器
猶如辯才說好蜜　令證如來淨法身

【疏】　這一節經文唐譯較晉譯完整，晉譯譯失一句經義，即是唐譯「**善男子，以清淨眼，見諸有情如是清淨**」。（此句亦未譯得完全妥貼，參見新譯。）

這個譬喻是以蜂蜜喻如來藏、以蜂房喻情器世間、以守護蜂房的蜜蜂喻諸煩惱。依《寶性論》則說，喻瞋煩惱，所以有頌言——

> 譬如釀蜜蜂　　受擾即刺人
> 恰如瞋起時　　令心生諸苦[6]

復有釋頌言——

> 譬如蜜釀蜂群內　　為具智者所發現
> 欲以善巧方便法　　散諸蜂群而取蜜
>
> 世尊一切種智眼　　見此性猶如蜂蜜
> 畢竟成就於此性　　不與如蜂障相應
>
> 欲得千萬蜂繞蜜　　求者驅蜂取蜜用
> 煩惱如蜂蜜如智　　佛如善巧除滅者[7]

此中次頌說的「**此性**」，即是如來性（佛性），由此可知所謂一切眾生皆有佛性，亦即一切眾生皆有如來藏。如來性即在眾生平常心中，不過，眾生只見自己的心性而不見如來性，心性所顯現者為諸煩惱，若淨除諸煩惱，則如「**驅蜂取蜜**」，如來性即能顯現。這便亦是所謂「轉依」。然而如何淨除諸煩惱呢，經言：「**以如來智見為淨除。**」所謂「如

6　同上，135頌。
7　同上，102-104頌。

來智見」，並不是現證如來智，而是悟入如來智、了知如來智，以如來智為見地而作觀修。因此，若不解悟如來藏法門，則沒有轉依的可能。瑜伽行古學說究竟轉依，同時說如來藏的見地與觀修，即是因為這一點。晉譯所譯失的便亦是這點意思。

【晉譯】 復次，善男子，譬如粳糧未離皮糩，貧愚輕賤謂為可棄，除蕩既精，常為御用。如是，善男子，我以佛眼觀諸眾生，煩惱糠糩覆蔽如來無量知見，故以方便如應說法，令除煩惱，淨一切智，於諸世間為最正覺。

爾時世尊。以偈頌曰 ──

譬一切粳糧　皮糩未除蕩
貧者猶賤之　謂為可棄物

外雖似無用　內實不毀壞
除去皮糩已　乃為王者膳

我見眾生類　煩惱隱佛藏
為說除滅法　令得一切智

如我如來性　眾生亦復然
開化令清淨　速成無上道

【唐譯】　復次，善男子，譬如稻麥粟豆，所有精實為糠所
　　　　裹，若不去糠，不堪食用。善男子，求食之人，若
　　　　男若女，以其杵臼舂去其糠而充於食。如是如是，
　　　　善男子，如來應供正遍知，以如來眼，觀見一切有
　　　　情具如來體，為煩惱皮之所苞裹，若能悟解則成正
　　　　覺，堅固安住自然之智。善男子，彼如來藏處在一
　　　　切煩惱之中，如來為彼有情除煩惱皮，令其清淨而
　　　　成於佛，為說於法。常作是念。何時有情脫去一切
　　　　煩惱藏皮，得成如來出現於世。

　　　　爾時世尊說伽他曰 ——

　　　　　　譬如稻穀與粟床　　大小麥等及於豆
　　　　　　彼等為糠之所裹　　是不堪任於所食

　　　　　　若能舂杵去於糠　　於食種種而堪用
　　　　　　精實處糠而不堪　　不懷有情為作利

　　　　　　我常觀見諸有情　　以煩惱裹如來智
　　　　　　我為除糠說妙法　　願令速悟證菩提

　　　　　　與我等法諸有情　　住百煩惱而藏裹
　　　　　　為令淨除我說法　　何時速成諸佛身

【疏】 這是與稻麥粟豆為皮殼所裹來作譬喻，依《寶性論》，這些皮殼喻為癡煩惱（無明），因此釋頌言——

> 譬如穀實等　　外為皮殼裹
> 恰如內實性　　為無明所蔽[8]

復有釋頌言——

> 果實為殼掩　　無人能得食
> 凡欲食其實　　先須去皮殼
>
> 有情如來藏　　為煩惱所雜
> 不離煩惱染　　三界不成佛
>
> 米麥未去殼　　食之無滋味
> 法王住煩惱　　有情無法味[9]

此頌用「穀實」來譬喻「內實性」，即是說如來藏是實性。然而這卻不是他空見，他空是以如來藏為實體，是為實性則不落他空，因為他空見說不空的是體，而非說性。如來藏是智識雙運界，佛的內自證智境當然是實性，因為我們不能說它無自性，但這個智境卻一定不是實體，因為如來法身無個體可言，只是一個內自證智的境界。

因此唐譯「以如來眼，觀見一切有情具如來體，為煩惱皮之所包裹」。用如來體這個名相，是持他空見的譯法。晉譯只說「煩惱糠糩覆蔽如來無量知

8　同上，136頌。
9　同上，105-107頌。

見」，這便不是他空，如來無量知見即是如來智，說如來智便可以稱之為實，因此便用穀實等作為譬喻。

唐譯有「若能悟解則成正覺，堅固安住自然之智」句，這句為晉譯所無，然而卻有密意，即謂如來智是自然智。藏密無上瑜伽多說如來智是自然智，這個智是法爾，因此現證自然智便不是新得一個智，只是證入一個法爾的清淨大平等智境。凡是說如來藏的經論都這樣建立，因此轉依便不是依一個新成的智，此有如由吃穀轉成吃飯，飯的米粒並非新成，仍然是當初由穀殼包裹著的米粒。為了表達如來智並非新得，用穀實來譬喻，實在十分貼切。

【晉譯】復次，善男子，譬如真金墮不淨處，隱沒不現，經
歷年載，真金不壞而莫能知。有天眼者語眾人言：
此不淨中有真金寶，汝等出之隨意受用。如是，善
男子，不淨處者無量煩惱是，真金寶者如來藏是，
有天眼者謂如來是。是故如來廣為說法，令諸眾生
除滅煩惱，悉成正覺，施作佛事。

爾時世尊以偈頌曰 ──

如金在不淨　隱沒莫能見
天眼者乃見　即以告眾人

汝等若出之　洗滌令清淨
隨意而受用　親屬悉蒙慶

善逝眼如是　觀諸眾生類
煩惱淤泥中　如來性不壞

隨應而說法　令辦一切事
佛性煩惱覆　速除令清淨

【唐譯】　復次，善男子，譬如臭穢諸惡積聚，或有丈夫懷挾
　　　　金磚於傍而過，忽然俁落墜于穢中，而是金寶沈沒
　　　　臭穢，或經十年、或二十年、或五十年、或百千
　　　　年，處於糞穢，是其本體不壞不染，亦不於人能作
　　　　利益。善男子，有天眼者見彼金磚在於臭穢，告餘
　　　　人言：丈夫汝往，於彼糞穢之中有金勝寶。其人聞
　　　　已則便取之，得已淨洗，隨金所用。善男子，臭穢
　　　　積聚者，是名種種煩惱及隨煩惱，彼金磚者，是名
　　　　不壞法，有天眼者，則是如來應正遍知。善男子，
　　　　一切有情如來法性真實勝寶，沒於煩惱臭穢之中，
　　　　是故如來應正等覺，為於有情除諸煩惱臭穢不淨，
　　　　而說妙法，當令成佛，出現世間而作佛事。

　　　　爾時世尊說伽他曰 ──

　　　　　　譬如有人懷金磚　　忽然俁落於糞穢
　　　　　　彼處穢中多歲年　　雖經久遠而不壞

　　　　　　有天眼者而觀見　　告餘人言此有金
　　　　　　汝取應洗隨意用　　如我所見諸有情

　　　　　　沒煩惱穢流長夜　　知彼煩惱為客塵
　　　　　　自性清淨方便說　　令證清淨如來智

【疏】 依《寶性論》，真金寶所在的不淨處，譬喻為貪瞋
癡煩惱，因此有頌言 ——

> 譬如厭不淨　智觀貪亦爾
> 增上諸煩惱　纏縛厭如穢[10]

這裡說「智觀貪亦爾」，只是舉貪為例，實總說貪
瞋癡煩惱的增上相，所謂增上，即是由貪瞋癡成就
欲界果報。我們這個世間屬於欲界，即由貪瞋癡的
力用增上而成，因此便更有四頌言 ——

> 旅客失黃金　遺於糞穢中
> 黃金性不改　千百年如是
>
> 天人具天眼　見而告人曰
> 此中有寶金　待還清淨相
>
> 如佛見有情　煩惱如糞穢
> 為除煩惱染　降法雨除垢
>
> 如天人見金　示人還彼淨
> 佛見佛寶藏　示人以淨法[11]

這四首偈頌，有兩層密意，一者，如來藏是如來法
身上具有識境隨緣自顯現，識境雖然不淨（喻為糞
穢），但如來法身不因識境的不淨而受污染，此如
黃金雖千百年處於糞穢之中，但金性不變；二者，
識境的不淨可以淨除，如糞穢可以洗滌，因此，如
來法身是法爾本住，煩惱不淨則喻為客塵，污穢只

10　同上，137頌。
11　同上，108-111頌。

是暫時積聚於黃金之上，故有「客塵」之名。

由這兩層密意就知道「智識雙運」的表義，智境不受識境所污染，如金不受糞穢污染，無有變異；識境恆時不異離智境，如糞穢未被清淨，則恆時積聚於黃金之上。智境於識境無變異，識境於智境無異離，即是「雙運」的意思。

這些意趣亦即是經文之所說。在經文中稱如來法身為「不壞法」，不壞即是恆常。說如來法身恆常，不能說為「真常」，因為如來法身只是一個境界，並非一個個體，而說「真常」的人，則將「真常」歸於個體。當這樣做時，便會誤會如來藏有如外道見，成立恆常的個體。經中所喻，亦只喻糞穢為不淨的境界，並未成立任何不淨的個體，或被糞穢不淨所覆沒的個體（參新疏）。

【晉譯】 復次，善男子，譬如貧家有珍寶藏，寶不能言我在於此，既不自知又無語者，不能開發此珍寶藏。一切眾生亦復如是，如來知見、力、無所畏，大法寶藏在其身內，不聞不知耽惑五欲，輪轉生死受苦無量，是故諸佛出興于世，為開身內如來法藏。彼即信受淨一切智，普為眾生開如來藏。無礙辯才為大施主。如是，善男子，我以佛眼觀諸眾生有如來藏。故為諸菩薩而說此法。

爾時世尊以偈頌曰 ——

譬如貧人家　內有珍寶藏
主既不知見　寶又不能言

窮年抱愚冥　無有示語者
有寶而不知　故常致貧苦

佛眼觀眾生　雖流轉五道
大寶在身內　常在不變易

如是觀察已　而為眾生說
令得智寶藏　大富兼廣利

若信我所說　一切有寶藏
信勤方便行　疾成無上道

【唐譯】　復次，善男子，譬如貧窮丈夫，宅內地中有大伏藏，縱廣正等一俱盧舍，滿中盛金。其金下深七丈大量，以地覆故，其大金藏曾不有言語：彼丈夫丈夫我在於此，名大伏藏。彼貧丈夫心懷窮匱，愁憂苦惱，日夜思惟，於上往來，都不知覺，不聞不見彼大伏藏在於地中。如是如是，善男子，一切有情住於執取作意舍中，而有如來智慧、力、無所畏、諸佛法藏，於色聲香味觸耽著受苦，由此不聞大法寶藏，況有所獲。若滅彼五欲則得清淨。復次，善男子，如來出興於世，於菩薩大眾之中開示大法種種寶藏，彼勝解已，則便穿掘。入菩薩住如來應供正遍知，為世間法藏。見一切有情未曾有因相，是故譬喻，説大法藏為大施主，無礙辯才無量智慧、力、無所畏、不共佛法藏。如是，善男子，如來以清淨眼，見一切有情具如來藏，是以為於菩薩宣説妙法。

爾時世尊説伽他曰 ──

譬如貧人家伏藏　　金寶充滿在於中
是彼不動不思惟　　亦不自言是某物

彼人雖復為主宰　　受於貧乏而不知
彼亦不説向餘人　　而受貧窮住苦惱

如是我以佛眼觀　　一切有情處窮匱
身中而有大伏藏　　住諸佛體不動搖

見彼體為菩薩説　　汝等穿斯大智藏
獲得離貧作世尊　　能施無上之法財

我皆所説而勝解　　一切有情有伏藏
若能勝解而精勤　　速疾證於最勝覺

【疏】　地中寶藏譬喻為無明掩蓋如來藏。依《寶性論》頌言——

> 譬如無知故　不見地中寶
> 不知自覺性　埋沒無明土[12]

這裡說的「無知」便即是無明，所以頌的末句說為「無明土」，這裡要注意的是頌的第三句「不知自覺性」，對於有無本覺，諍論甚多，在這裡說「自覺性」，便是肯定本覺。所謂自覺性，即是本來具足，未成迷惑的覺受，更無他法增上，是故稱之為「自」。

復有三頌云——

> 譬如貧家地深處　具有被掩無盡藏
> 貧人對此無所知　寶藏不能命彼掘
>
> 此如心中無垢藏　無窮盡且不思議
> 有情對此無所知　由是常受種種苦
>
> 貧者不知具寶藏　寶藏不能告其在
> 有情心具法寶藏　聖者方便令出世[13]

這裡說「心中無垢藏」，強調如來藏即在心中，只是為無明所掩，亦等於說，心性中具有本覺，只是為識境中的名言、句義所掩，由是心成為分別心，覺受亦成為迷惑的識覺。

12　同上，頌138。
13　同上，頌112-114。

經言「一切有情住於執取作意舍中，而有如來智慧、力、無所畏、諸佛法藏」。這裡的密意是，一切有情的無明緣於「執取作意」，心性恆時執取作意，即等於人困於執取作意的房子裡。

作意有三種：聞所成、思所成、生所得。世間一切名言與句義都由聞、思、生三者所成，由是成為迷亂，因為迷，所以便不能覺。阿羅漢所攝煩惱能生起無漏諸業，成就無垢意生身，此亦為無明住地所攝的煩惱，主要為聞所成、思所成。因此亦須要用如來覺智來斷除，否則便住於無漏諸業中，不能涅槃，所以阿羅漢的無明，即為作意所成。

在這段經文，等如說出迷亂因，由迷亂而成無明，由是知，求本覺顯露，須除滅迷亂，所以在菩薩乘中，強調觀修時要離作意。

這段經文所喻亦與觀修有關。

【晉譯】 復次，善男子，譬如菴羅果內實不壞，種之於地成
大樹王。如是，善男子。我以佛眼觀諸眾生，如來
寶藏在無明殼，猶如果種在於核內。善男子，彼如
來藏清涼無熱，大智慧聚妙寂泥洹，名為如來應供
等正覺。善男子，如來如是觀眾生已，為菩薩摩訶
薩淨佛智，故顯現此義。

爾時世尊以偈頌曰 ——

> 譬如菴羅果　　內實不毀壞
> 種之於大地　　必成大樹王
>
> 如來無漏眼　　觀一切眾生
> 身內如來藏　　如花果中實
>
> 無明覆佛藏　　汝等應信知
> 三昧智具足　　一切無能壞
>
> 是故我說法　　開彼如來藏
> 疾成無上道　　如果成樹王

【唐譯】　復次，善男子，譬如藤子、多羅子、瞻部果子、阿摩羅果子，由其子芽展轉相生成不壞法。若遇地緣種植，於其久後成大樹王。如是如是，善男子，如來以如來眼，見一切有情欲、瞋、癡、貪、無明、煩惱、乃至皮膚邊際，彼欲、瞋、癡、無明、煩惱藏中有如來藏性，以此名為有性。若能止息，名為清涼，則名涅槃。若能淨除無明煩惱是有情界，是則名為大智聚體，彼之有情名大智聚，若佛出現於天世間說微妙法，若見此者則名如來。善男子，若彼見如來應正等覺，令諸菩薩摩訶薩，咸皆悟解如來智慧，令顯現故。

爾時世尊說伽他曰 ——

譬如藤子之中樹　藤芽一切而可得
於根瞻部咸皆有　由其種植復得生

如是我見悉無餘　一切有情喻藤子
無漏最勝佛眼觀　是中備有如來體

不壞是藏名有情　於中有智而不異
安住在定處寂靜　亦不動搖無所得

為彼淨故我說法　云何此等成正覺
猶如種子成大樹　當為世間之所依

【疏】　由本段經文開始，說菩薩乘觀修所斷的煩惱。依
　　　　《寶性論》，說這是見道所斷的煩惱，說言 ——

　　　　譬如芽漸長　　突離種子殼
　　　　見道斷煩惱　　而見於真實[14]

復說諸煩惱如果殼，如來性則如種芽，有三偈言
——

　　　　譬如菴摩羅果等　　其種恆具發芽力
　　　　若予土壤及水等　　即能漸長成為樹

　　　　如是清淨法本性　　有情無明如種核
　　　　若以功德作諸緣　　即能漸成勝利王

　　　　水土陽光時空等　　種芽具緣發成樹
　　　　有情煩惱殼所掩　　佛芽緣具成法樹[15]

有情由迷惑故，將一切法成立為「有」性，初地菩
薩以前，此「有」性未能清淨，當清淨時即名為
「清涼」，由是入初歡喜地，此即本段經文所說的
意旨。

在這裡，不可以將果核能發芽，說是「因中有果」
為外道見。在此只說果核有發芽的功能，這是事
實，並未說果核為因，本來具有芽這個果。若斷章
取義，隨意牽合，那便會將如來藏看成是外道見，
如是即成謗佛。

14　同上，頌139。
15　同上，頌115-117。

還須留意，這裡雖然說如來藏，但並未離緣起，所以說「若遇地緣種植」；《寶性論》亦說「水土陽光時空等，種芽具緣發成樹」。由此可見如來藏思想並不否定緣起，若以為如來藏是一個「場所」，於中生起一切法，那只是根據個人的理解來定義如來藏，並非如來藏的本義。如來法身上有一切識境隨緣自顯現，並不以如來法身作為場所，因為如來法身只是一個境界，並非實體。

如來法身是諸佛內自證智境界，所以晉譯說「三昧智具足，一切無能壞」；唐譯說「若能淨除無明煩惱是有情界，是則名為大智聚體」。這都是強調為智境，並非個體，這就當然不是一個場所。有時候，我們將這智境稱之為「基」，亦並不是將「基」當成是場所，只是用「基」這個名言，來表達如來法身含藏一切識境世間。

在這裡，經文即是說，欲登初地，須斷無明。無明如果實殼，初地如發芽。

【晉譯】 復次，善男子，譬如有人持真金像，行詣他國，經
由險路懼遭劫奪，裹以弊物，令無識者。此人於
道，忽便命終。於是金像棄捐曠野，行人踐蹈咸謂
不淨，得天眼者，見弊物中有真金像，即為出之，
一切禮敬。如是，善男子，我見眾生種種煩惱，長
夜流轉生死無量，如來妙藏在其身內，儼然清淨，
如我無異。是故佛為眾生說法，斷除煩惱，淨如來
智，轉復化導一切世間。

爾時世尊以偈頌曰 ——

譬人持金像　　行詣於他國
裹以弊穢物　　棄之在曠野

天眼者見之　　即以告眾人
去穢現真像　　一切大歡喜

我天眼亦然　　觀彼眾生類
惡業煩惱纏　　生死備眾苦

又見彼眾生　　無明塵垢中
如來性不動　　無能毀壞者

佛既見如是　　為諸菩薩說
煩惱眾惡業　　覆弊最勝身

當勤淨除斷　　顯出如來智
天人龍鬼神　　一切所歸仰

【唐譯】　復次，善男子，譬如貧人，以一切寶作如來像，長可肘量，是貧丈夫欲將寶像經過險路，恐其盜劫，即取臭穢故破弊帛，以纏其像，不令人測。善男子，是貧丈夫在於曠野，忽然命終，如來寶像在於臭穢弊惡帛中，棄擲于地，流轉曠野，行路之人往來過去踐踏跳驀，不知中有如來形像，由彼裹在臭穢帛中，棄之在地，而皆厭惡，豈生佛想。是時居住曠野諸天以天眼見，即告行路餘人而言：汝等丈夫，此穢帛中有如來像，應當速解，一切世間宜應禮敬。如是如是，善男子，如來以如來眼，見一切有情，如彼臭穢故帛煩惱，長於生死險道曠野之所流轉，受於無量傍生之身，彼一切有情煩惱臭穢故弊帛中，有如來體如我無異，如來為解煩惱穢帛所纏裹故，為諸菩薩而說妙法，云何得淨如來智見，去離煩惱，得一切世間之所禮故，猶如於我。

爾時世尊說伽他曰 ──

譬如穢帛令厭惡　　纏裹彼之如來體
寶像穢帛之所纏　　棄於曠野險惡處

諸天天眼而見已　　即告行路餘人言
寶像在彼臭帛中　　應當速解而恭敬

我以天眼如是見　　我觀一切諸有情
被煩惱帛之所纏　　極受憂惱生死苦

我見煩惱穢帛中　　結跏趺坐如來體
安住寂然不傾動　　皆無所有解脫者

為見彼已而驚悟　　汝等諦聽住勝覺
一切有情法如是　　於怖畏中常有佛

即解彼已現佛身　　彼時一切煩惱靜
是故號名於如來　　人天歡喜而供養

【疏】　依《寶性論》，此處是說修道所斷煩惱，有頌言——

　　　　隨逐聖道上　雖已斷身見
　　　　修道智斷者　喻為破敗衣¹⁶

比喻煩惱為破敗衣，是喻為不淨，但這不淨已比前說諸喻的不淨較輕，所以又有三頌說——

　　　　譬如寶石造佛像　為破臭衣所遮蓋
　　　　天眼見此在路旁　乃為旅人作指引

　　　　無障礙眼見佛身　縱使畜生亦具足
　　　　種種煩惱垢掩蓋　故施方便解脫彼

　　　　路旁寶像朽衣掩　天眼見已示凡夫
　　　　輪廻道上煩惱掩　佛說法令性顯露¹⁷

破敗衣只是掩蓋寶石佛像，並不如泥中蓮、蜂巢中蜜，以至果核那樣的深藏。所以是修道菩薩的不淨。修道菩薩二至七地為不淨地，八至十地為清淨地，這裡說的是總義，二至十地菩薩都包括在裡面。

在釋頌中，因經文說及有情可「受於無量傍生之身」，所以便突出地說「縱使畜生亦具足」佛身，因為在菩薩地中，天龍八部都可以成菩薩，如今說法的人，說言成佛畢竟只在人間，那就不能不否定如來藏，因為這個說法失去大平等性，而清淨大平

16　同上，頌140。
17　同上，頌118-120。

等性則恰恰是如來藏的自性。倘若如其所言，則天龍八部絕對不能成佛，實在違反經教。尤其是密乘的菩薩，凡名為「金剛」者，多是夜叉族，認為只有人才能成佛，那便不能不反對密乘，他們不知道，密乘觀修是依瑜伽行中觀，若否定密乘，便有如否定了瑜伽行的彌勒、無著，同時亦否定了中觀師龍樹，因此問題實在很大。如今遺憾的是，這說法竟然成為流行的觀點，受影響的不只密乘，連華嚴、天台兩宗，以至深密的禪宗、廣大的淨土宗，都受到動搖，主張「批判佛教」的人，要將這些宗派打倒，那便是現代人喜歡出位的緣故，不理解諸宗經論，已經違反了聞法與思法，再提倡打倒，反而可以成為國師、大師，那真是可悲的現象。

如來藏的大平等性，是周遍一切界平等，用現代的語言來說，那就是任何時空的世間、有情都一律平等。為甚麼呢？因為一切時空的情器世間都依如來法身功德而成立，這如來法身功德有兩種，一共一不共：一、現分，此為共，可以理解為周遍一切界的生機；二、明分，此為不共，可以理解為周遍一切界的了別相。沒有現分，世間便沒有生機，由是不能成立，但既有現分，則一切有情自然都平等具有，所以在我們這個世間，除人之外，還有許多生命形態；沒有明分，則生命個體無從區別，所以一切形象，都可以稱為「明相」，即是可以區別的相。

因此唐譯頌言：「一切有情法如是，於怖畏中常有佛」（新譯為：「有情本性常如是，具煩惱裹勝智佛」），是即強調清淨大平等性。

【晉譯】 復次，善男子，譬如女人貧賤醜陋，眾人所惡而懷
貴子，當為聖王王四天下。此人不知經歷時節，常
作下劣生賤子想。如是善男子，如來觀察一切眾
生，輪轉生死受諸苦毒，其身皆有如來寶藏，如彼
女人而不覺知，是故如來普為說法，言：善男子，
莫自輕鄙，汝等自身皆有佛性，若勤精進滅眾過
惡，則受菩薩及世尊號，化導濟度無量眾生。

爾時世尊以偈頌曰 ——

譬如貧女人　　色貌甚庸陋
而懷貴相子　　當為轉輪王

七寶備眾德　　王有四天下
而彼不能知　　常作下劣想

我觀諸眾生　　嬰苦亦如是
身懷如來藏　　而不自覺知

是故告菩薩　　慎勿自輕鄙
汝身如來藏　　常有濟世明

若勤修精進　　不久坐道場
成最正覺道　　度脫無量眾

【唐譯】 復次，善男子，或有孤獨女人，惡形臭穢、容貌醜陋
如畢舍支，人所見者厭惡恐怖，止於下劣弊惡之家，
偶然交通，腹中懷姙，決定是為轉輪王胎。然彼女人
雖復懷姙，亦曾無有如是思念，唯懷貧匱下劣之心，
由心羸劣，常作是念：我形醜陋，寄於下劣弊惡之家
而過時日，亦不足知是何人類生於我腹。如是，如
是。善男子，一切有情無主無依，生三有中，寄於下
劣弊惡之舍，為生死苦之所逼迫，然一一有情有如來
界具如來藏，是彼有情不覺不知。善男子，如來不令
一切有情而自欺誑。佛為說法：善男子，汝等莫自欺
誑，發大堅固精進之心，汝等身中皆有佛體，於其後
時畢成正覺。汝今已入於菩薩數，即非凡夫，久後亦
墮於如來數，即非菩薩。

爾時，世尊說伽他曰 ——

譬如婦人無依主　　形容醜惡令厭怖
寄於弊惡下劣家　　或時而有王胎孕

彼懷如是之胎孕　　決定是為轉輪王
其王威德七寶圍　　統領四洲為主宰

彼愚醜女曾不知　　於已腹中有如是
在於賤貧弊惡舍　　懷貧窮苦心憂惱

我見一切諸有情　　無主受於窮迫苦
在於三界中耽樂　　身中法藏如胎藏

如是見已告菩薩　　一切有情具法性
胎中世利有光明　　應生恭敬勿欺誑

發堅精進以修持　　不久自身成作佛
不久當坐菩提場　　解脫無量俱胝眾

【疏】　依《寶性論》這是譬喻修道中不淨地菩薩所斷煩惱，頌言——

　　前七地諸垢　　如藏之污垢
　　唯無分別智　　長養藏離覆[18]

這是強調無分別智，唯無分別智才能長養如來藏、離覆垢，頌言「長養藏離覆」。

一切情器世間都具足如來法身功德，所以一切法平等，由是成立無分別，由無分別才能證菩提（證覺）。在前面一段經文中，已經說大平等性，因為在修道上，菩薩已住入法性，復須由住法性而觀修至法性自解脫，這時便須悟入大平等性，否則便不能從法性中解脫，那便永遠住在菩薩地上，甚至住二地者不能超越至三地，住三地者不能超越至四地，如是等等。所以當說二至七地等不淨地菩薩時，便強調無分別智，由無分別智才能斷除這些地上菩薩的煩惱。

不認識大平等性，便有如喻中所說的貧醜女，因下劣想，不知所懷是轉輪王胎，所以唐譯說：「一切有情無主無依，生三有中，寄於下劣弊惡之舍」。此即喻菩薩因怖畏而不敢作成佛想，所以經言：「善男子，汝等莫自欺誑，發大堅固精進之心，汝等身中皆有佛體，於其後時畢成正覺」。這就是令不淨地上菩薩，雖生於三有中，亦自能珍重，畢竟成佛。

18　同上，頌141。

是故《寶性論》復有三頌言 ——

> 譬如貧醜無助婦　　無依唯住孤獨舍
> 腹中雖懷王者胎　　不知輪王在腹內
>
> 輪迴如住孤獨舍　　不淨有情如孕婦
> 無垢性雖堪作護　　卻似輪王處腹內
>
> 臭衣醜婦住孤獨　　輪王在胎亦大苦
> 有情煩惱住苦舍　　雖有依護仍無助[19]

這就是說，住在輪迴界的有情，有如住在孤獨舍，所以懷有輪王胎亦不自知，因為不敢承當自己所懷的是轉輪王，那便失去無垢性的依怙，此即如輪迴界的有情不敢承當作佛，更不敢承當一切有情都本具佛性。若知大平等性，敢於承當，則能悟入無垢性。

所謂悟入無垢性，那便是超越識境的能取所取分別，住入智識雙運界，由是知一切法無垢無淨，所謂垢淨皆由二取而成，當二取落於名言句義時，即成分別，由是便說為垢為淨，若離能取所取，則自然斷除分別，悟入大平等性。那便是晉譯頌中所說：「是故告菩薩，慎勿自輕鄙，汝身如來藏，常有濟世明」。亦是唐譯頌中所說：「如是見已告菩薩，一切有情具法性，胎中世利有光明，應生恭敬勿欺誑，發堅精進以修持，不久自身成作佛」。

19　同上，頌121-123。

【晉譯】　復次，善男子，譬如鑄師鑄真金像，既鑄成已，倒
　　　　置于地，外雖焦黑，內像不變，開摸出像，金色晃
　　　　曜。如是，善男子，如來觀察一切眾生，佛藏在
　　　　身，眾相具足，如是觀已，廣為顯説。彼諸眾生得
　　　　息清涼，以金剛慧搥破煩惱，開淨佛身，如出金
　　　　像。

　　　　爾時，世尊以偈頌曰 ——

　　　　　譬如大冶鑄　　無量真金像
　　　　　愚者自外觀　　但見焦黑土

　　　　　鑄師量已冷　　開摸令質現
　　　　　眾穢既已除　　相好晝然顯

　　　　　我以佛眼觀　　眾生類如是
　　　　　煩惱淤泥中　　皆有如來性

　　　　　授以金剛慧　　搥破煩惱摸
　　　　　開發如來藏　　如真金顯現

　　　　　如我所觀察　　示語諸菩薩
　　　　　汝等善受持　　轉化諸群生

【唐譯】　復次，善男子，譬如以蠟作模，或作馬形、象形、男形、女形，泥裹其上而用火炙，銷鍊真金鑄於模內。候其冷已，是其工匠將歸舍宅，其模外為黑泥覆弊，形狀燋惡內有金像，或工匠及工匠弟子，知其模冷，即壞其泥，既淨持已，於須臾頃，是金寶像則便清淨。如是，如是，善男子，如來以如來眼觀見一切有情，如金像模，外為煩惱泥所覆裹，於內虛沖滿有佛法無漏智寶。善男子，我今觀見一切有情悉皆如是，在菩薩眾而說妙法，若菩薩摩訶薩，若得寂靜清涼。如來為彼有情，以金剛器仗淨其法眼，除其煩惱及隨煩惱。為淨如來智寶藏故，善男子，如來猶如持寶像者，善男子，而破彼色及隨煩惱，令得解脫，是名如來。善男子，如來應正等覺，見一切有情如來藏，為無邊俱胝煩惱藏中之所沈沒，為彼有情破煩惱藏，於佛智見安立無上正等菩提。

爾時，世尊說伽他曰 ──

譬如外色泥作模　　於內空虛無所有
銷鍊真金滿鑄瀉　　其數或百或一千

工匠之人知冷已　　則破其泥現於像
泥除則淨其寶像　　匠意琱琢皆成就

我見一切諸有情　　猶如金像在泥模
煩惱於外而蓋覆　　如來之智處於內

若得寂靜及清涼　　前際清淨智菩薩
以法器仗而捶擊　　煩惱由斯悉摧壞

所有如來之佛子　　猶如金像令可愛
常得天世人供養　　圓滿身相具十力

我見一切諸有情　　如是清淨成善逝
成就善逝成佛眼　　滿足無上薩婆若

【疏】　泥模中有金像，《寶性論》說，喻為淨地菩薩為煩惱所覆，頌云 ——

> 後三地諸垢　　知彼如泥模
> 以金剛喻定　　聖者能除垢[20]

後三地即是八至十地。復有頌言 ——

> 如人熔金鑄金像　　金注於內泥覆外
> 當其量金已冷時　　去外覆泥令金淨

> 得證最勝菩提者　　常見有情心本性
> 光輝而受客塵染　　除障即如開寶藏

> 閃光金像受泥掩　　待冷善巧除其泥
> 一切智知心寂靜　　說如椎法除其障[21]

這裡的金像，仍然是比喻一切有情都具足的佛性，所以說「常見有情心本性」。

唐譯說「以金剛器仗淨其法眼，除其煩惱及隨煩惱」；晉譯則說「以金剛慧搥破煩惱」，所說都是「金剛」，亦即淨地菩薩須用「金剛」來破地上煩惱。關於「金剛」，一般說為「不動」，這說法亦很合理，因為淨地菩薩即是由第八不動地至第十法雲地的菩薩。由第八地起，菩薩即不退轉，可以示現為種種身，作種種行，如善財童子訪參的菩薩，即有示現為妓女、惡王、外道婆羅門等種種不清淨身，但菩薩法身其實並無退轉，不因為他示現不淨

20　同上，頌142。
21　同上，頌124-126。

行而退轉為不淨。

但若按密義，喻為虛空的如來法身則具有七種金剛性，一世敦珠法王摧魔洲尊者的《無修佛道》中說——

> 虛空既不能損其分毫，是故無瑕；既不能剋制之或摧毀之，是故無壞；既住而成世間一切明相展現之根基，是故無虛；既不受過失或功德所變，是故無染；既離變易，是故無動；既能遍入最極微塵聚，是故無礙；既無有能滅之者，故虛空為無能勝。[22]

如來法身連同如來法身功德（喻為虛空及虛空的力用），具有：無瑕、無壞、無虛、無染、無動、無礙、無能勝七種金剛性，此中無瑕、無壞、無染、無動是法身的自性；無虛、無礙是法身功德的自性；無能勝則為如來法身及其功德都具足的自性。如來法身唯是智境，藉如來法身功德則可成識境，二者恆時雙運，因此這七種金剛性亦實在不能互相異離。

因此說用「金剛慧」或「金剛器仗」來除淨地上的煩惱，實即由悟入如來法身與法身功德雙運的智來除煩惱，亦即說為由悟入智識雙運而除煩惱。

22　依拙譯。參《現證自性大圓滿本來面目教授 —— 無修佛道》，台北：全佛文化，2009。

【晉譯】 爾時,世尊告金剛慧菩薩摩訶薩:若出家、若在家,善男子,善女人,受持、讀誦、書寫、供養,廣為人說如來藏經,所獲功德不可計量。金剛慧,若有菩薩為佛道故,勤行精進修習神通,入諸三昧,欲殖德本,供養過恒河沙現在諸佛,造過恒河沙七寶臺閣,高十由旬,縱廣正等各一由旬,設七寶床,敷以天繒,為一一佛日日造立過恒河沙七寶臺閣,以用奉獻一一如來及諸菩薩聲聞大眾,以如是事普為一切過恒河沙現在諸佛,如是次第,乃至過五十恒沙眾寶臺閣,以用供養過五十恒沙現在諸佛及諸菩薩聲聞大眾,乃至無量百千萬劫。金剛慧,不如有人樂喜菩提,於如來藏經受持、讀誦、書寫、供養,乃至一譬喻者,金剛慧,此善男子,於諸佛所種諸善根福雖無量,比善男子善女人所得功德,百分不及一、千分不及一,乃至算數譬喻所不能及。

【唐譯】　佛告金剛慧菩薩言：善男子，若在家出家善男子善女人，於此如來藏經典法要，受持、讀誦、書寫經卷、為他廣說，得福無量。或有善男子善女人或餘菩薩，為於積集如來智故，精勤供養一切如來，於一一世界，成就如是色三摩地，由此色三摩地威力，過恒河沙諸佛世界，過恒沙數俱胝那庾多現在諸佛，於一一佛所供養承事，并及菩薩聲聞僧眾，如是乃至過五十恒河沙諸佛世尊，當於和暢安樂之時，各送百千珍妙樓閣，一一量高十踰繕那，縱廣正等一踰繕那，如是一切以寶成天妙香器，散種種花，成辦種種受用之具，日日如是，乃至千劫，金剛慧，若苾芻、苾芻尼、鄔波索迦、鄔波斯迦，發菩提心於此如來藏經，取其一喻，或在於身，或在經卷，金剛慧，以此福業與前福業，如來安立百分迦羅分，千分百千分俱胝分，俱胝百分，俱胝千分，俱胝百千分，俱胝那庾多百千分，不及於此迦羅一分，乃至算數譬喻所不能及。金剛慧，若有善男子善女人，求無上菩提者，於彼諸佛世尊并及菩薩聲聞大眾，取曼陀羅花百千斛，日日供養，復滿千劫，金剛慧，若餘苾芻、苾芻尼、鄔波索迦、鄔波斯迦，發菩提心聞此如來藏經法要，乃至合掌禮敬作隨喜語，金剛慧，以此勝福善根，與前善根獻花功德，如來安立比前功德，百分迦羅分千分無數分，不如一分。

【晉譯】 爾時，世尊重説偈言 ——

若人求菩提　　聞持此經者
書寫而供養　　乃至於一偈

如來微妙藏　　須臾發隨喜
當聽此正教　　功德無有量

若人求菩提　　住大神通力
欲供十方佛　　菩薩聲聞眾

其數過恒沙　　億載不思議
為一一諸佛　　造立妙寶臺

臺高十由旬　　縱廣四十里
中施七寶座　　嚴飾備眾妙

敷以天繒褥　　隨座各殊異
無量過恒沙　　獻佛及大眾

悉以此奉獻　　日夜不休息
滿百千萬劫　　所獲福如是

慧者聞此經　　能持一譬喻
而為人解説　　其福過於彼

乃至於算數　　譬喻所不及
眾生之所依　　速成無上道

菩薩諦思惟　　甚深如來藏
知眾生悉有　　疾成無上道

【唐譯】 爾時，世尊說伽他曰 ——

或有樂求菩提者　　聞此經典而受持
乃至書寫於經卷　　若能恭敬於一偈

應聽彼福而無量　　發生無量福德藏
得聞如來之藏經　　若能求勝菩提行

以神通力住上乘　　供養恭敬人中尊
并及十方聲聞眾　　乃至滿足於千劫

多千劫數如恒沙　　超於彼數不思議
一一世間行無量　　純以寶作妙樓閣

其量高十踰繕那　　縱廣有一踰繕那
塗香燒香而供養　　於中七寶微妙座

以妙繒綵敷其上　　及餘妙座皆敷設
其數猶如恒河沙　　一一供養於諸佛

一一送彼如來所　　所有剎中諸如來
其數猶如恒河沙　　悉皆供養而承事

若有智者聞此經　　取於一喻而正行
若能受持及讀誦　　此福超過前福聚

有情歸依於此經　　疾證於彼無上覺
此如來藏相應法　　若智菩薩能思惟

一切有情勝法性　　速疾覺悟自然智

【疏】　此段為校量功德，說「於如來藏經受持、讀誦、書寫、供養，乃至一譬喻者」，所獲功德不可計量。

釋迦說大乘經至後分時，多校量功德，但說般若系列經典的校量，與說如來藏系列經典的校量，顯然有所不同，如於《放光般若經》其校量只有一句：「阿難，是般若波羅蜜，若有書持、諷誦、念守、習行、解說其義，供養經卷，復教他人書持、諷誦，廣為說者，當知是人常與佛俱不離諸佛。」

又如《摩訶般若波羅蜜經》，其校量只是：「阿難，若有書般若波羅蜜，受持、讀誦、正憶念，為人廣說，恭敬、尊重、讚歎、華香、幡蓋、寶衣、燈、燭，種種供養。」

但當校量不二法門系列與及如來藏系列經典時，便強調長時廣供養諸佛的功德，不及傳播這些經典的功德，由此可見對這些經典的珍重，因為這些經典含有佛的密意，並不是用法異門來說法。

寶瓶

【晉譯】爾時世尊，復告金剛慧菩薩言：過去久遠無量無邊，不可思議阿僧祇劫，復過是數，爾時有佛，號常放光明王如來、應供、等正覺、明行足、善逝、世間解、無上士、調御丈夫、天人師、佛、世尊，金剛慧，何故名曰常放光明王，彼佛本行菩薩道時，降神母胎，常放光明，徹照十方千佛世界微塵等刹，若有眾生見斯光者，一切歡喜，煩惱悉滅，色力具足，念智成就，得無礙辯。

若地獄、餓鬼、畜生、閻羅王、阿修羅等見光明者，皆離惡道生天人中。

若諸天人見光明者，於無上道得不退轉，具五神通。

若不退轉者，皆得無生法忍五十功德旋陀羅尼。

金剛慧，彼光明所照國土，皆悉嚴淨如天琉璃，黃金為繩以界八道，種種寶樹花果茂盛香氣芬馨，微風吹動出微妙音，演暢三寶菩薩功德、根、力、覺道、禪定解脫，眾生聞者皆得法喜，信樂堅固，永離惡道。金剛慧，彼十方刹一切眾生，蒙光明故，晝夜六時合掌恭敬。

金剛慧，彼菩薩處胎出生，乃至成佛，無餘泥洹，常放光明。般泥洹後，舍利塔廟亦常放光。以是因緣，諸天世人，號曰常放光明王。金剛慧，常放光明王如來、應供等正覺，初成佛時，於其法中有一菩薩名無邊光，與二十億菩薩以為眷屬，無邊光菩薩摩訶薩於彼佛所，問如來藏經，佛為演說。在於一坐，經五十大劫，護念一切諸菩薩故，其音普告

【唐譯】 佛告金剛慧：以此得知如是法門，於諸菩薩摩訶薩成多利益，能引薩婆若智。金剛慧，我念過去無量無數廣大不思議無量不可說劫，從此已後，當於是時有佛，名常放光明如來、應、正等覺、明行圓滿、善逝、世間解、調御士、無上丈夫、天人師、佛、婆伽梵。金剛慧，以何因緣彼佛世尊，名常放光明，金剛慧，彼佛世尊常放光明，如來、應、正等覺為菩薩時，在母胎中，以身光明透徹于外，普照東方十佛剎土微塵等百千世界。如是照已，乃至南、西、北方四維上下，各十佛剎微塵等百千世界，普皆照曜。

金剛慧，彼諸世界，由於菩薩在母胎中身光普照，而是光明，令人適悅，發生歡喜。金剛慧，由彼菩薩身光照故，微塵數百千世界，是中有情為光照觸，獲大威德，色相具足，具念、具慧、具行、具智、具於辯才。

是彼諸世界中一切有情，墮于地獄、傍生、閻魔羅界、阿蘇羅趣者，由彼菩薩身光明照，光纔觸已，一切皆捨惡趣之身，生於人天。

是彼諸世界所有人天，由於菩薩身光照觸，皆於無上菩提得不退轉，獲五神通。是彼諸世界所有不退轉菩薩，以彼菩薩身光照觸，光纔觸已，悉皆成就無生法忍，各各獲得名五百功德轉陀羅尼。

如是微塵百千世界，由彼菩薩身光明，照成吠瑠璃，黃金為繩以界八道，一切寶樹八行布列，花果

【晉譯】　十佛世界微塵等百千佛剎，為諸菩薩無數因緣百千
　　　　譬喻，說如來藏大乘經典。諸菩薩等，聞說此經，
　　　　受持、讀誦、如說修行，除四菩薩，皆已成佛。金
　　　　剛慧，汝莫異觀，彼無邊光菩薩豈異人乎，即我身
　　　　是。彼四菩薩未成佛者，文殊師利、觀世音、大勢
　　　　至、汝金剛慧是，金剛慧，如來藏經能大饒益，若
　　　　有聞者皆成佛道。

　　　　爾時，世尊重說偈曰 ——

　　　　　　過去無數劫　　佛號光明王
　　　　　　常放大光明　　普照無量土

　　　　　　無邊光菩薩　　於佛初成道
　　　　　　而啟問此經　　佛即為演說

　　　　　　其有遇最勝　　而聞此經者
　　　　　　皆已得成佛　　唯除四菩薩

　　　　　　文殊觀世音　　大勢金剛慧
　　　　　　此四菩薩等　　皆曾聞此法

　　　　　　金剛慧為彼　　第一神通子
　　　　　　時號無邊光　　已曾聞此經

　　　　　　我本求道時　　師子幢佛所
　　　　　　亦曾受斯經　　如聞說修行

　　　　　　我因此善根　　疾得成佛道
　　　　　　是故諸菩薩　　應持說此經

　　　　　　聞已如說行　　得佛如我今
　　　　　　若持此經者　　當禮如世尊

【唐譯】　莊嚴，色香殊異。是諸寶樹香風搖擊，從其樹出和雅悅意微妙之聲，所謂佛聲、法聲、僧聲、菩薩聲、菩提聲、根、力、覺分解脫等持等至之聲。由寶樹聲，彼微塵數百千界中一切有情，悉皆獲得法喜禪悅。是諸世界中所有一切有情，遠離地獄、傍生、閻魔羅界、阿蘇羅趣。

是彼菩薩在母腹中，光明如月，合掌而住，晝夜六時常放光明，乃至誕生。金剛慧，是彼菩薩，亦初生已便成正覺，彼佛世尊既成佛已，而於身中常放光明，乃至般涅槃時常放光明。彼佛世尊般涅槃後，所有舍利置於塔中，常放光明。金剛慧，以是因緣，彼時人天號彼世尊，名為常放光明如來。

復次金剛慧，彼佛世尊常放光明，如來住世之時，有一菩薩名無量光，與二十俱胝菩薩以為眷屬。是時無量光菩薩，於彼常放光明如來、應、正等覺，已曾問此如來藏法門。金剛慧，是彼常放光明如來、應、正遍知，於五百劫不起于座，廣宣說此如來藏經，以種種句於法了別，無礙辯才，百千譬喻，哀愍攝受彼菩薩故。是故廣演此如來藏甚深法要，於彼十方各十佛剎微塵數俱胝百千世界中，菩薩以小功力而皆警覺。金剛慧，彼中菩薩聞此如來藏經，乃至得聞此經名號，一切漸次善根成熟已。成熟已，各於異國而成正覺。除四菩薩摩訶薩不取菩提，金剛慧，勿生異念，當彼之時，無量光菩薩豈異人乎，即汝身是。何以故，汝金剛慧於彼，往昔為菩薩時名無量光。金剛慧，彼佛世時，其四菩

【晉譯】　　若得此經者　是名佛法主
　　　　　　則為世間護　諸佛之所歎

　　　　　　是為世間眼　應讚如世尊

【唐譯】　薩不取菩提者，所謂曼殊室利菩薩、得大勢菩薩、
　　　　觀自在菩薩，則汝金剛慧是為第四。金剛慧，如是
　　　　大利益如來藏法要，菩薩摩訶薩由聞此故，佛智成
　　　　就。

　　　爾時，世尊說伽他曰 ──

　　　昔常放光明世尊　　過去之世無量劫
　　　以身常放大光明　　照曜俱胝百千界

　　　初成無上正覺已　　彼時無量光菩薩
　　　問彼世尊此法王　　如是經典彼時說

　　　當彼佛時聞此經　　從於彼佛而聞已
　　　悉皆獲得勝菩提　　唯除於此四菩薩

　　　得大勢及觀自在　　曼殊室利為第三
　　　第四即汝金剛慧　　當於是時聞此經

　　　昔時無量光菩薩　　即是於汝金剛慧
　　　當於彼時為佛子　　我曾於先行勝行

　　　聞此妙經之名號　　從師子幢如來所
　　　恭敬合掌聞此經　　我昔由此善根業

　　　速得最勝菩提位　　是故智者持此經

【疏】　如來藏具三種自性：一、法身自性；二、真如自性；三、種性自性。

在如來藏九喻中，法身自性喻為佛像、蜂蜜、果實；真如自性喻為糞穢中黃金；種性自性喻為寶藏、果殼、寶像、轉輪王及金像。所以《寶性論》說九喻後，用一頌總結——

　　貪等九種垢　喻如萎蓮等
　　如來藏三性　喻之如佛等[23]

在本段經文中說「常放光明如來」，恆時以光明普渡眾生——在母胎時以至成佛時，皆以身光明照觸世間。於母胎時已能由身光明令世間成為淨土，黃金為繩，八行寶樹，由樹出和雅悅意微妙之聲，令「彼微塵數百千界中一切有情，悉皆獲得法喜禪悅」。初生便成正覺，於五百劫廣說如來藏經，諸菩薩問經，亦皆成佛，唯有四菩薩不取菩提，是名文殊師利菩薩、大勢至菩薩、觀世音菩薩，以及本經的問法者金剛慧菩薩。

經中說這段本事，即是說如來藏光明，可以令情器世間得清淨、令入菩薩道者得成佛、令惡趣眾生得生善趣。四位不取菩提的菩薩，並不是不能成佛，只是不願成佛，以菩薩身在世間弘揚佛的教法。

常放光明如來的光明，當然喻為如來藏光明，亦即喻為如來藏的三種自性，文殊師利和金剛慧，代表

23　同註4，頌143。

法身自性；觀世音代表真如自性；大勢至代表種性
自性。

文殊師利說不二法門，不二即是法身；觀世音表義
為大悲，大悲即是真如顯現的功德；大勢至表義如
來功德的力用，是即如來種性的力用。

因此，這段經文實在與如來藏的三自性關合。須要
注意的是，說如來藏有三種自性，並非對如來藏有
所增上，只是想說明「心清淨」的因。凡夫只見心
性，因此一切作意都依阿賴耶識邊，若轉過頭來，
依如來藏三自性，便能見到「心性」的真實是「心
法性」，由是知心性是種性自性，具足法身自性
（智境），同時能現證真如（識境）。

若能依此三種自性來理解如來藏，便不會將如來藏
看成是外道的「真常」，亦不會說如來藏脫離緣
起，違反空性。如來藏系列經典是了義經，凡了義
經必須依其密義來理解，若不明密義，只按言說來
猜度，而且還斷章取義，那便會誹謗這系列經典，
令佛究竟法毀滅。

【晉譯】　爾時，世尊説此經已，金剛慧及諸菩薩四眾眷屬，
　　　　　天人乾闥婆阿修羅等，聞佛所説，歡喜奉行。

【唐譯】爾時，世尊復告金剛慧菩薩言：若善男子善女人，被於業障之所纏縛，得聞此如來藏經，受持、讀誦、為他敷演，由彼聞此經典讀誦、受持、諷誦、敷演、書寫經卷，以小勤勞，業障銷滅，佛法現前。爾時，具壽慶喜白佛言：世尊，若有善男子善女人，纏縛業障，彼得幾佛世尊加持說法，獲得多聞，得與如是法要相應。佛言：慶喜，若善男子善女人，於百佛所得加持說法，或有二百或三四五百，或千或二千，或三四五六七八九，或十千佛所加持說法，或有二百千，或有俱胝那庾多百千佛，所得說法聞持，慶喜，若有菩薩得此如來藏法，書寫經卷、讀誦、受持、思惟其義、為他廣說，而彼菩薩應作是念：我今獲得無上菩提，其人應受人天阿蘇羅供養恭敬。佛說是已，唯然歡喜，爾時，世尊復說伽他曰——

> 菩薩聞此修多羅　　作是思惟獲勝覺
> 若有人手得此經　　人天禮拜應恭敬
>
> 諸佛世尊大導師　　稱讚彼人人中最
> 亦名最勝之法王　　若經入于彼人手
>
> 是人照曜如滿月　　應受禮敬如世尊
> 能持法炬為世雄　　由入此經於彼手

爾時，世尊說是經已，金剛慧菩薩摩訶薩等，并諸菩薩諸大聲聞眾，人天阿蘇羅等，聞佛所說，歡喜奉行。大方廣如來藏經

【疏】　依唐譯，於釋迦對金剛慧菩薩說傳播此經功德後，復有「具壽慶喜」問佛。名號為「具壽」，即是小乘的阿羅漢。在這裡，便有將菩薩乘與小乘歸入佛乘的意趣。

小乘包括聲聞與緣覺，菩薩乘觀修般若，唯佛乘始說如來藏，稱為無上大乘、一佛乘。三乘歸於一乘，是三轉法輪的意趣，所以在三轉法輪的諸經中，無不強調三乘歸一，這即是以無上大乘如來藏法門為究竟意趣。

若以二轉法輪說般若為究竟，釋迦就不應該在三轉法輪經中說無上大乘。這一點非常明白，居然還有諍論，實在是末法時代的現象。

寶瓶

下篇：《如來藏經》新譯

【藏文】 'di skad bdag gis thos pa dus gcig na / bcom ldan 'das mngon

par rdzogs par sangs rgyas nas / lo bcu bzhes pa dang / shin

tu tsha ba'i dus kyi tshe / rgyal po'i khab na / bya rgod kyi

phung po'i ri la rin po che'i gdugs kyi khang bzangs tsan

dan gyi snying po'i khang pa brtsegs pa na / slob pa dang /

mi slob pa'i nyan thos kyi dge slong 'bum du tshang ba'i

dge slong gi dge 'dun chen po phal cher dgra bcom pa / zag

pa zad pa / nyon mongs pa med pa / dbang dang ldan par

gyur pa / sems shin tu rnam par grol ba / shes rab shin tu

rnam par grol ba / cang shes pa / glang po chen po / bya ba

byas pa / byed pa byas pa / khur bor ba / bdag gi don rjes su

thob pa / srid par kun tu sbyor ba yongs su zad pa / yang dag

pa'i shes pas sems shin tu rnam par grol ba / sems thams cad

kyi dbang gi dam pa'i pha rol tu son pa sha stag la /

〔前分〕

【新譯】 如是我聞，一時世尊（婆伽梵 bhagavat），成正等覺
十年後熱月際[1]，在王舍城（Rājagṛha）靈鷲峰
（Gṛdhrakūtā），於寶曜宮（Ratnacchattra prāsāda）栴
檀藏大樓閣（Candanagarbha kūṭāgāra）中，與大比丘
眾百千人俱，皆為聖種（ājāneya）有學、無學聲聞
及羅漢眾。諸漏已盡，無復煩惱，皆得自在，心善
解脫，慧善解脫，正智解脫，猶如大龍
（mahānāga），所作已辦，盡捨重擔，逮得已利，
盡諸有結，於心自在而到彼岸。

---

[1] 依不丹發現的藏譯抄本，則說「成佛十七年後」，似較合理，但漢藏譯皆
說為成佛十年後說，故今從之。

【藏文】 'di lta ste / tshe dang ldan pa 'od srung chen po dang / tshe dang ldan pa lteng rgyas 'od srung dang / tshe dang ldan pa chu bo 'od srung dang / tshe dang ldan pa ga ya 'od srung dang / tshe dang ldan pa ka tya'i bu chen po dang / tshe dang ldan pa gsus po che dang / tshe dang ldan pa ba ku la dang / tshe dang ldan pa nam gru dang / tshe dang ldan pa rab 'byor dang / tshe dang ldan pa byams ma'i bu gang po dang / tshe dang ldan pa ngag dbang dang / tshe dang ldan pa shā ri'i bu dang / tshe dang ldan pa mo'u dgal gyi bu chen po dang / tshe dang ldan pa cang shes ko'u di nya dang / tshe dang ldan pa 'char ka dang / tshe dang ldan pa sgra gcan zin dang / tshe dang ldan pa dga' bo dang / tshe dang ldan pa nye dga dang / tshe dang ldan pa kun dga' bo dang / de dag la sogs pa dge slong 'bum du tshang ba dang thabs gcig tu bzhugs so //

【新譯】　百千比丘中有具壽大迦波（Mahākāśyapa）、具壽漚樓頻蠡迦葉波（Uruvilvākāśyapa）、具壽那提迦葉波（Nadīkāśyapa）、具壽伽耶迦葉波（Gayākāśyapa）、具壽大迦旃延（Mahākātyāyana）、具壽俱郗羅（Mahākauṣṭhila）、具壽薄俱羅（Vakula）、具壽離波多（Revata）、具壽須菩提（Subhūti）、具壽滿慈子（Pūrṇamaitrāyaṇīputra）、具壽語自在（Vāgīśa）、具壽舍利子（Śāriputra）、具壽大目揵連（Mahāmaudgalyāyana）、具壽憍陳如（Āyñātakauṇḍinya）、具壽烏陀夷（Udāyin）、具壽羅呼羅（Rāhula）、具壽難陀（Nanda）、具壽鄔波難陀（Upananda）、具壽阿難陀（Ānanda），與如是等上首比丘一千人俱。

【藏文】 byang chub sems dpa' sems dpa' chen po sangs rgyas kyi
zhing tha dad pa nas 'dus pa / gangga'i klung drug cu'i bye
ma snyed thams cad kyang / skye ba gcig gis thogs pa /
mngon par shes pa chen po dang / stobs dang / mi 'jigs pa
thob pa / sangs rgyas bye ba khrag khrig 'bum phrag mang
po la bsnyen bkur byas pa / phyir mi ldog pa'i chos kyi 'khor
lo rab tu bskor pa / gang dag gi ming thos pa tsam gyis 'jig
rten gyi khams tshad med grangs med pa'i sems can bla na
med pa yang dag par rdzogs pa'i byang chub las phyir mi
ldog par 'gyur ba sha stag la /

【新譯】　復有六十恆河沙數菩薩摩訶薩，從種種佛土而來集
　　　　　會，皆是一生補處，得五種神通、十力及四無畏、
　　　　　已曾承事無量俱胝那庾多百千
　　　　　（koṭīniyutaśatasahasra）諸佛，悉皆能轉不退法輪。
　　　　　若有無量世間中無量有情，得聞其名，皆於正等覺
　　　　　中得不退轉。

【藏文】　'di lta ste / byang chub sems dpa' sems dpa' chen po chos
kyi blo gros dang / sengge'i blo gros dang / stag gi blo gros
dang / don gyi blo gros dang / rin po che'i blo gros dang /
rab mchog blo gros dang / zla 'od dang / rin chen zla 'od
dang / zla ba nya ba'i 'od dang / rnam par gnon pa chen po
dang / rnam par gnon pa dpag med dang / rnam par gnon pa
mtha' yas dang / 'jig rten gsum rnam par gnon dang / mi g.
yo ba'i gnas rnam par gnon dang / mthu chen thob dang /
spyan ras gzigs dbang phyug dang / spos kyi glang po dang /
spos dga' dang / spos dga' ba'i dpal dang / dpal gyi snying
po dang / nyi ma'i snying po dang / tog dang / tog chen po
dang / tog dri ma med pa dang / rin chen mtha' yas dbyu gu
dang /

【新譯】 此中有所謂法慧菩薩（Dharmamati）、師子慧菩薩（Siṁhamati）、虎慧菩薩（Vyāghramati）、義慧菩薩（Arthamati）、寶慧菩薩[2]（Ratnamati）、勝慧菩薩（Pravaramati）、月光菩薩（Candraprabha）、寶月光菩薩（Ratnacandraprabha）、滿月光菩薩（Pūrṇacandraprabha）、大勇健菩薩（Mahāvikrāmin）、無量勇健菩薩（Aprameyavikrāmin）、無邊勇健菩薩（Anantavikrāmin）、三世勇健菩薩（Trailokyavikrāmin）、不動勇足（Acaiapadavikrāmin）、得大勢菩薩（Mahāsthāmaprāpta）、觀自在菩薩（Avalokiteśvara）、香象菩薩（Gandhahastin）、香悅菩薩（Gandharati）、香悅吉祥菩薩（Gandharatiśrī）、吉祥藏菩薩（Śrīgarbha）、日藏菩薩（Sūryagarbha）、計都菩薩（Ketu）、大幢菩薩（Mahāketu）、無垢幢菩薩（Vimalaketu）、

2　晉、唐二譯皆缺此菩薩名。

【藏文】 rin chen dbyu gu 'dor dang / rin chen dri med dbyu gu dang / mchog tu dga' ba'i rgyal po dang / rtag tu rab dga' dang / lag na rin po che dang / nam mkha'i mdzod dang / ri bo dang / ri rab dang / ri bo chen po dang / you tan rin chen snang dang / gzungs kyi dbang phyug gi rgyal po dang / sa 'dzin dang / sems can thams cad kyi nad sel dang / rab tu yid dga' dang / yid skyo dang / skyo med dang / 'od byed dang / tsan dan dang / g.yo ba zlog dang / dpag med mngon bsgrags dbyangs dang / byang chub kun nas bslang dang / mthong ba don yod dang / chos thams cad la dbang sgyur ba dang / byang chub sems dpa' sems dpa' chen po byams pa dang / 'jam dpal gzhon nur gyur pa dang / de dag la sogs pa byang chub sems dpa' sems dpa' chen po gangga'i klung drug cu'i bye ma snyed dang yang thabs gcig go //

lha dang / klu dang / gnod sbyin dang / dri za dang / lha ma yin dang / nam mkha' lding dang / mi 'am ci dang / lto 'phye chen po dang / mi dang mi ma yin pa dpag tu med pa dang yang thabs gcig go // de nas bcom ldan 'das 'khor 'bum phrag du mas yongs su bskor cing mdun gyis bltas te / rgyal po dang / blon po chen po dang / tshong dpon dang / khyim bdag dang / blon po dang / grong rdal ba dang / yul gyi mi rnams kyis bsti stang du byas / bla mar byas / rim gror byas shing mchod do //

【新譯】 無邊寶杖菩薩（Anantaratnayaṣṭi）、捨寶杖菩薩（Tyaktaratnayaṣṭi）、迷盧菩薩（Meru）、蘇迷盧菩薩（Sumeru）、大蘇迷盧菩薩（Mahāmeru）、功德寶光菩薩（Guṇaratnāloka）、陀羅尼自在王菩薩（Dhāraṇīśvararāja）、持地菩薩（Dhāraṇīṃdhara）、除一切有情病菩薩（Sarvasattvaroganivartana）、歡喜意菩薩（Prāmodyamanas）、憂悲意菩薩（Khinnamanas）、無憂菩薩（Akhinna）、光藏菩薩（Jyotiṣkara）、栴檀菩薩（Candana）、於此無爭菩薩（Īhavivarta）、無量雷音菩薩（Apramaeyābhigarjitasvara）、起菩提行菩薩（Bodhisamutthāpana）、不空見菩薩（Amoghadarśin）、一切法自在菩薩（Sarvadharmavaśavartin）、彌勒菩薩（慈氏菩薩，Maitreya）、文殊師利童真菩薩（Mañjuśrī），及餘六十恆河沙數菩薩摩訶薩俱。

復有無數天、龍、夜叉、乾闥婆、阿修羅、迦樓羅、緊那羅、摩睺羅伽、人、非人等，皆來集會。

復有百千眾國王、大臣、長者、居士、臣僚、商人、百姓悉皆來集，繞佛前後，恭敬供養。

【新疏】 疏上來五段新譯。

說法的地方在寶曜宮栴檀藏大樓閣,有所表義,珍寶的光芒如星辰照耀。比喻為識境的光明有如智境所顯現的光明;栴檀的香氣可以蓋過一切氣味,比喻智境可以超越識境。

由法慧、師子慧、虎慧、義慧、寶慧、勝慧等菩薩先行具名而為上首,可以看作是對如來藏的比喻,用法及師子等,比喻識境,用慧來比喻智境,具有智識雙運的意味。

蓮花

【藏文】de'i tshe bcom ldan 'das bshos gsol ba'i 'og tu tsan dan gyi
snying po'i khang pa brtsegs pa de nyid du nang du yang
dag 'jog la zhugs par gyur to // de nas sangs rgyas kyi mthus /
tsan dan gyi snying po'i khang pa brtsegs pa de las padma
mdab ma bye ba khrag khrig phrag 'bum yod pa / tshad
shing rta'i 'phang lo tsam pa / kha dog dang ldan pa / kha ma
bye ba bye ba khrag khrig phrag 'bum byung bar gyur te / de
dag steng gi nam mkha'i bar snang la mngon par 'phags nas /
thams cad dang ldan pa'i sangs rgyas kyi zhing 'di khebs par
gyur te / 'di lta ste / dper na / rin po che'i bla re bzhin du kun
tu gnas par gyur to // padma'i snying po re re la yang de
bzhin gshegs pa'i sku skyil mo krung bcas te bzhugs shing /
'od zer 'bum dag rab tu 'gyed par kun tu snang la / padma
de dag thams cad kyang shin tu kha bye bar gyur to //

【新譯】　爾時世尊於栴壇藏大樓閣中，既食已，由佛力而現神變，於樓閣出無數蓮花，各具無數瓣，大如車輪，色香具足，而未開敷。

如是蓮花上升虛空，周遍一切諸佛剎土，合成寶帳。彼所有蓮花旋即開敷，於一一花中皆有如來結跏趺坐，具三十二大丈夫相放百千光。

【藏文】 de nas sangs rgyas kyi byin gyi rlabs kyis / padma de dag gi
mdab ma de dag thams cad kyang mog mog po dang / nog
nog po dang / dri nga ba dang / smad par 'os pa dang / mngon
par dga' bar 'gyur ba ma yin par gyur to // 'on kyang padma'i
snying po de dag la / de bzhin gshegs pa'i sku rnams skyil
mo krung bcas te / bzhugs shing / 'od zer 'bum dag rab tu
'gyed par kun tu snang ngo // de bzhin gshegs pa'i sku
padma'i snying po la bzhugs pa de dag gis kyang thams cad
dang ldan pa'i sangs rgyas kyi zhing 'di khyab par gyur te /
de'i tshe sangs rgyas kyi zhing 'di shin tu mdzes par gyur to //
de nas de'i tshe byang chub sems dpa'i tshogs thams cad
dang / 'khor bzhi yang shin tu ngo mtshar du gyur cing dga
bar gyur to //

【新譯】 是時，以佛威神力故，所有蓮瓣無一餘，悉皆痿瘁
而成暗色，且具惡臭，令人可厭，更不悅意。唯於
諸蓮花花胎中，悉現如來結跏趺坐，普現百千輝
光。

復次，所有佛土，盈滿蓮花中結跏趺坐諸如來，佛
土由是具足端嚴。爾時，一切菩薩及四部眾悉皆驚
愕，生奇特想，怪未曾有。

【藏文】 bcom ldan 'das kyi rdzu 'phrul mngon par 'du mdzad pa de mthong nas the tshom du gyur te / gang padma bye ba khrag khrig phrag 'bum 'di dag gi 'dab ma rnams 'di ltar kha dog ngan cing chu ba rnams kyang kha dog ngan la smad pa'i 'os su gyur te / mngon par dga' bar 'gyur ba ma yin pa dang / padma'i snying po de dag la yang de bzhin gshegs pa'i sku re re skyil mo krung bcas te bzhugs shing 'od zer 'bum dag rab tu 'gyed pas shin tu mdzes par kun tu snang ba 'di'i rgyu ni gang yin / rkyen ni gang yin snyam mo // de nas thams cad dang ldan pa'i byang chub sems dpa'i tshogs dang / 'khor bzhi po the tshom du gyur pa rnams 'dong bar bya ba'i mtshan ma byas so // de'i tshe tsan dan gyi snying po'i khang pa brtsegs pa der / byang chub sems dpa' sems dpa' chen po rdo rje'i blo gros shes bya ba 'dus par gyur te 'dug go //

【新譯】 以世尊現此神變故，大眾心生疑念：以何緣故，所有蓮瓣皆成惡色，蓮莖亦壞，不復悅意，唯於蓮花胎中，一一如來結跏趺坐，放百千輝光周遍一切處，令人愛樂。

【新疏】 疏上來三段新譯。

此處強調蓮花合成寶帳周遍一切界，即說一切界皆為智識雙運界，又強調如來輝光周遍一切處，即表義如來法身周遍。

【藏文】 de nas bcom ldan 'das kyis byang chub sems dpa' sems dpa'
chen po rdo rje'i blo gros la bka' stsal pa / rigs kyi bu khyod
kyis chos can gyi gtam las rtsoms te / de bzhin gshegs pa
dgra bcom pa yang dag par rdzogs pa'i sangs rgyas la yongs
su zhu bar spobs par gyis shig // de nas byang chub sems
dpa' sems dpa' chen po rdo rje'i blo gros / bcom ldan 'das
kyis gnang bas lha dang / mi dang / lha ma yin dang bcas
pa'i 'jig rten dang / byang chub sems dpa' thams cad dang /
'khor bzhi po dag gi the tshom gyi zug rngu rig nas / bcom
ldan 'das la 'di skad ces gsol to // bcom ldan 'das 'jig rten
gyi khams 'di thams cad padma kha dog ngan cing dri mi
bda' ba 'di lta bu bye ba khrag khrig phrag 'bum 'di dag gis
khebs pa dang / de dag gi dbus na yang de bzhin gshegs pa'i
sku skyil mo krung bcas shing bzhugs te / 'od zer 'bum dag
rab tu 'gyed par kun tu gda' ba dang / de bzhin gshegs pa'i
sku de dag mthong nas kyang / srog chags bye ba khrag
khrig phrag 'bum thal mo sbyar te phyag 'tshal ba'i rgyu ni
gang lags / rkyen ni gang lags /

【新譯】　爾時，世尊知諸菩薩及四眾生疑，眾中有金剛慧
　　　　　（Vajramati）菩薩摩訶薩，即告金剛慧言：汝善男
　　　　　子，今應可請如來應正等覺，宣說甚深法要。

　　　　　以世尊許可，金剛慧菩薩摩訶薩，乃普為懷疑惑之
　　　　　一切天人世間、菩薩摩訶薩眾及四部眾而白佛言：
　　　　　世尊，以何因緣，一切世界皆覆無量敗色可厭蓮
　　　　　花，而於花中皆有如來放百千輝光，普照一切世
　　　　　界。現前無數有情，皆見如來身，合掌而住，儼然
　　　　　不動。

【新疏】　如來法身不可見，今見如來身合掌而住，可以説，
　　　　　是如來法身與如來識身的雙運相。釋迦牟尼世尊，
　　　　　在諸會中示現的，便亦是此雙運相。

【藏文】 de nas de'i tshe byang chub sems dpa' rdo rje'i blo gros kyis
tshigs su bcad pa 'di dag gsol to //

sangs rgyas stong phrag bye ba mi g.yo bar //
padma dag gi dbus na bzhugs par ni //
khyod kyis 'di 'dra'i rdzu 'phrul ston mdzad pa //
bdag gis sngan chad nam yang 'di ma mthong //

'od zer stong rnams rab tu 'gyed mdzad cing //
sangs rgyas zhing 'di thams cad khebs par mdzad //
ngo mtshar chos kyi rnams la rol mdzad pa'i //
'dren pa rnams kyi bar chad ma mchis mdzes //

mdab ma dag dang chu ba smad 'os la //
kha dog ngan pa'i padma rnams dbus der //
de dag rin chen rang bzhin 'drar bzhugs pa //
ci'i slad du rdzu 'phrul 'di dag sprul //

bdag gis sangs rgyas gangga'i bye snyed mthong //
de yi rdzu 'phrul khyad 'phags bdag mthong ste //
de ring gda' ba'i rnam sprul ci 'dra ba //
sngon chad nam yang 'di 'dra 'di ma mthong //

rkang gnyis gtso bo lhas ni bstan du gsol //
rgyu gang rkyen gang lags pa bshad du gsol //
'jig rten don mdzad thugs brtse gsung du gsol //
lus can kun gyi the tshom dgum du gsol //

【新譯】 爾時金剛慧菩薩，說偈頌言——

如是我昔未曾見　佛作神變若今日
顯現如來無量數　住蓮花胎寂不動

導師皆各放輝光　周遍覆蓋諸佛剎
諸法奇特而遊戲　如是顯現為莊嚴

於彼可厭蓮花中　如來如寶而端坐
諸蓮瓣莖則可厭　云何現此大神變

我曾見佛恆沙數　曾見如來諸殊勝
卻未曾見如是相　大神變相如今日

唯願兩足尊開示　以何因緣現神變
尚祈哀愍利世間　為諸眾除彼疑惑

【藏文】　de nas bcom ldan 'das kyis byang chub sems dpa' sems dpa'
chen po rdo rje'i blo gros la sogs pa thams cad dang ldan
pa'i byang chub sems dpa'i tshogs la bka' stsal pa / rigs kyi
bu dag de bzhin gshegs pa'i snying po zhes bya ba'i mdo
shin tu rgyas pa yod de / de rab tu bstan pa'i phyir / de bzhin
gshegs pas snang ba'i mtshan ma 'di lta bu 'di byas so // de'i
phyir legs par rab tu nyon la yid la zung shig dang bshad do //
byang chub sems dpa' sems dpa' chen po rdo rje'i blo gros
dang / thams cad dang ldan pa'i byang chub sems dpa'i
tshogs des / bcom ldan 'das la legs so zhes gsol te / bcom
ldan 'das kyi ltar nyan pa dang / bcom ldan 'das kyis 'di
skad ces bka' stsal to //

【新譯】 爾時，世尊告一切眾菩薩及金剛慧菩薩摩訶薩言：
善男子，今有大方廣經名如來藏，將欲宣説，故現
此瑞相，汝等集會，應善諦聽，極善諦聽，作意思
維。

金剛慧菩薩及一眾菩薩，向佛答言：善哉，世尊，
願樂欲聞。

【新疏】 疏上來兩段新譯。

第二頌，「諸法奇特而遊戲，如是顯現為莊嚴」，意思是說諸法的遊戲（諸法的顯現），都是法界的莊嚴，這便是如來藏的甚深義。

佛內自證智的境界，即是如來法身，這法身於識境不成顯現，因為識境中的一切顯現，皆依名言句義而成立，如來法身既是智境，便不能依名言句義而顯現，是故說為不可思議。然而智境亦不是無可顯現，唯藉智境上的識境而成顯現，一如我們啟動螢光屏，螢光屏亦唯藉屏上的影像而成顯現，所以，我們便把將識境稱為智境的莊嚴。

由於如來法身、法智、法界三無分別，所以作為智境莊嚴的識境，有時便可說為如來法身的莊嚴，或法界的莊嚴。

這兩句頌的意思便是這樣，諸法隨緣自顯現說為遊戲，這些遊戲便顯現而成法身的莊嚴、法智的莊嚴、法界的莊嚴。

晉、唐二譯，未能完整地表達這層意思。晉譯「離垢諸導師，莊嚴諸世界」，是將如來的顯現視為識境（諸世界）的莊嚴，譯失；唐譯「奇特於法而遊戲，彼諸佛等悉端嚴」，那便只是說諸佛的端嚴相，未表達出諸法的奇特遊戲為法界莊嚴。

這兩句頌，其實不容易譯，今略作意譯，譯為「諸法奇特而遊戲，如是顯現為莊嚴」，實在亦未能完

全表達上述的意思。

【藏文】 rigs kyi bu dag ji ltar de bzhin gshegs pas sprul pa'i padma kha dog ngan pa / dri nga ba / smad par 'os pa / mngon par dga' bar 'gyur ba ma yin pa 'di dag dang / de bzhin gshegs pa'i gzugs mdzes pa / gzugs bzang ba / blta na sdug pa dag padma'i snying po 'di dag la skyil mo krung bcas shing 'khod de / 'od zer 'bum dag rab tu 'gyed cing 'khod pa de dag kyang rig nas / lha dang mi rnams phyag 'tshal zhing / mchod pa'i las kyang byed pa de bzhin du / rigs kyi bu dag de bzhin gshegs pa dgra bcom pa yang dag par rdzogs pa'i sangs rgyas kyis kyang / rang gi shes rab dang / ye shes dang / de bzhin gshegs pa'i mig gis sems can srog chags su gyur pa / 'dod chags dang / zhe sdang dang / gti mug dang / sred pa dang / ma rig pa'i nyon mongs pa bye ba phrag 'bum gyi sbubs su gyur pa thams cad dang /

〔正分〕

【新譯】佛言：善男子，如是如來神變：臭穢敗色蓮花，不復令人喜悅；花胎中如來結跏趺坐，相好端嚴，放百千輝光，為人樂見，禮拜供養。如是，善男子，如來應正等覺，以智及如來眼見一切有情，為無量貪、瞋、癡、欲，及無明煩惱所纏。

【藏文】 rigs kyi bu dag sems can nyon mongs pa'i sbubs su gyur pa de dag gi nang na / nga 'dra bar ye shes dang ldan pa / mig dang ldan pa'i de bzhin gshegs pa mang po 'khod cing skyil mo krung bcas nas / mi g.yo bar 'khod pa mthong ste / nyon mongs pa thams cad kyis nyon mongs pa can du gyur pa de dag gi nang na / de bzhin gshegs pa'i chos nyid mi g.yo zhing / srid pa'i 'gro ba thams cad kyis ma gos pa dag mthong nas / de bzhin gshegs pa de dag ni nga dang 'dra'o zhes smra'o // rigs kyi bu dag de bzhin gshegs pa'i mig ni de ltar mdzes pa yin te / de bzhin gshegs pa'i mig des sems can thams cad de bzhin gshegs pa'i snying por mthong ngo //

【新譯】　然而，善男子，於諸有情煩惱纏中，有無數如來結跏趺坐，寂靜無動，具如來智如來眼如我，然為諸煩惱所染。唯如來法性（tathāgatadharmatā）則無變異，為諸有趣所不能染，故說一切如來如我無異。

善男子，如是，如來眼令人尊重，得見一切有情如來藏（tathāgatagarbha）。

【藏文】 rigs kyi bu dag 'di lta ste dper na / skyes bu lha'i mig can la
la zhig gis / lha'i mig gis 'di ltar kha dog ngan cing / 'di ltar
dri nga ba'i padma kha ma bye zhing / ma gyes pa dag la
bltas te / de'i dbus na padma'i snying po la de bzhin gshegs
pa skyil mo krung bcas shing 'dug par rig nas / de bzhin
gshegs pa'i gzugs blta bar 'dod de / de bzhin gshegs pa'i
gzugs de yang dag par sbyang ba'i phyir / padma'i mdab ma
kha dog ngan cing dri nga la / smad par 'os pa de dag 'byed
cing sel ba de bzhin du / rigs kyi bu dag de bzhin gshegs pas
kyang sangs rgyas kyi mig gis sems can thams cad de bzhin
gshegs pa'i snying por mthong nas / sems can de dag gi 'dod
chags dang / zhe sdang dang / gti mug dang / sred pa dang /
ma rig pa'i nyon mongs pa'i sbubs dbye ba'i phyir chos ston
te / de sgrub pa'i de bzhin gshegs pa rnams ni yang dag pa
nyid du gnas so //

【新譯】善男子，譬如具天眼人，於未開敷可厭敗萎蓮花中，由天眼見如來結跏趺坐，於是即欲見如來相，彼須去除可厭敗壞蓮瓣，究竟清淨，然後始可見如來如如相。

如是，善男子，佛眼見一切有情皆有如來藏，為清除諸有情之貪、瞋、癡、欲與無明等煩惱殼，故為說法，由聞法故，得了知圓滿建立之如來藏。

【藏文】 rigs kyi bu dag 'di ni chos rnams kyi chos nyid de / de bzhin
gshegs pa rnams byung yang rung ma byung yang rung /
sems can 'di dag ni rtag tu de bzhin gshegs pa'i snying po
yin na / rigs kyi bu dag smad par 'os pa'i nyon mongs pa'i
sbubs rnams kyis yog pas / de dag gi nyon mongs pa'i sbubs
gzhig' pa dang / de bzhin gshegs pa'i ye shes kyang yongs
su sbyang ba'i phyir / de bzhin gshegs pa dgra bcom pa yang
dag par rdzogs pa'i sangs rgyas byang chub sems dpa' rnams
la chos ston te / bya ba 'di la yang mos par byed do // de la
byang chub sems dpa' sems dpa' chen po chos de dag la
mngon par brtson par gnas pa de dag gang gi tshe / nyon
mongs pa dang / nye ba'i nyon mongs pa thams cad las
yongs su grol bar gyur pa de'i tshe / de bzhin gshegs pa dgra
bcom pa yang dag par rdzogs pa'i sangs rgyas shes bya ba'i
grangs su 'gro ste / de bzhin gshegs pa'i bya ba thams cad
kyang byed do //

【新譯】　善男子，諸法本性如是，若如來出世，若不出世，一切時際之有情，皆有如來藏。

　　　　善男子，以煩惱殼故，如來應正等覺，即為菩薩眾說法，引導彼眾依開示而作如是事，壞煩惱殼，淨如來智。菩薩摩訶薩眾，由是於法勤修精進，則能於一切煩惱、隨煩惱得解脫。如來應正等覺，與諸菩薩摩訶薩，是能於世間作如來事。

【藏文】 de nas de'i tshe bcom ldan 'das kyis tshigs su bcad pa 'di
dag bka' stsal to //

ji ltar padma smad par 'os gyur pa //
de'i mdab ma sbubs gyur ma gyes la //
de bzhin gshegs pa'i snying po ma gos te //
mi 'ga' la las lha yi mig gis mthong //

de ni de'i mdab ma 'byed pa na //
dbus na rgyal ba'i lus ni mthong gyur nas //
rgyal ba nye ba'i nyon mongs phyir mi 'gyur //
de ni 'jig rten kun tu rgyal bar 'gyur //

de bzhin ngas kyang srog chags thams cad kyi //
dkyil der gnas pa'i rgyal ba rnams kyi lus //
ji ltar smad 'os padma'i sbubs 'dra ba'i //
nyon mongs stong phrag bye bas khebs pa mthong //

nga yang de dag gi ni bsal ba'i phyir //
mkhas pa rnams la rtag tu chos ston te //
sems can 'di dag sangs rgyas 'gyur bya zhes //
rgyal ba'i phyir ni nyon mongs rnam par sbyong //

nga yi sangs rgyas mig ni de 'dra ste //
de yis rgyal ba'i lus su gnas pa yi //
sems can 'di dag thams cad mthong gyur te //
de dag rnam par sbyang phyir chos smra'o //

【新譯】 爾時世尊以偈頌言 ——

如彼萎敗惡蓮花　花瓣如殼未開敷
具天眼者得能見　不受污染如來藏

若彼花瓣得去除　花中即見勝智佛[3]
勝智故不受污染　勝智現為一切界

如是我見勝智身　住於一切有情中
覆於無數煩惱纏　恰如蓮花敗萎殼

為欲去除煩惱纏　我向智者常說法
且常思念有情眾　可淨煩惱成正覺

我以佛眼見有情　有勝智佛常安住
復為清淨彼等故　由是我常宣說法

3　此處藏譯為 rgyal ba，對應梵文為 jina，意為勝智佛，假名為佛，主旨在於勝智，是即佛內自證智境界。

【新疏】 疏上來五段新譯。

晉唐二譯，未譯出「如來法性」無變異，只強調如來法身不受污染。所謂如來法性，可以比喻為螢光屏性、鏡性等。螢光屏上的一切影像，其自性一定都是螢光屏性；鏡上的一切影像，其自性一定都是鏡性；如來法身上所顯現的世間一切法，其自性一定是如來法身性（法性），所以，雖然有一切世間隨緣自顯現，如來法性必無變異。此如螢光屏上有一切影像顯現，螢光屏性必無變異；鏡上有一切顯現，鏡性亦必無變異。

由如來法性無變異，即可以說有情的佛性亦無變異，這是如來藏的密意，所以這句經文必須補譯出來。

復次，頌文說「花中即見勝智佛」，不說為見如來法身，而說為見勝智佛，這是點明如來法身即是佛內自證智境界，佛內證智當然可以說為勝智。晉唐二譯仍然譯為佛或如來，未依梵文jina譯為勝智者、勝智佛，便容易失去密意。

由「花中即見勝智佛」這個密意，即可顯示凡夫的心性，其實亦恆常與法性雙運，因為心性亦是法性上隨緣自顯現的識境，這樣便容易明白如來藏其實即是一個智識雙運的境界。

說有情眾「可淨煩惱成正覺」，是即成佛並非新得，只是由淨除煩惱而得成正覺，而成佛性顯露。其實這一點，在大乘諸了義經中，都常有此密意，

卻為落於名言與事相的人所不覺。

【藏文】 rigs kyi bu dag gzhan yang 'di lta ste dper na / sbrang tshang
zlum po shing gi yal ga la 'phyang ba // bung ba 'bum gyis
kun tu bsrungs shing // sbrang rtsis yongs su gang ba zhig
yod la // de nas sbrang rtsi 'dod pa'i mi zhig gis srog chags
kyi rnam pa bung ba de dag thabs mkhas pas bskrad nas /
sbrang rtsi des sbrang rtsi'i bya ba byed do // rigs kyi bu dag
de bzhin du sems can thams cad kyang sbrang tshang dang
'dra ste / de la sangs rgyas nyid nyon mongs pa dang / nye
ba'i nyon mongs pa bye ba phrag 'bum gyis shin tu bsrungs
pa / de bzhin gshegs pa'i ye shes mthong bas rig go // rigs
kyi bu dag ji ltar sbrang tshang gi nang na / sbrang rtsi bung
ba bye ba phrag 'bum gyis kun tu bsrungs pa yod par skyes
bu mkhas pa zhig gis shes pas rig pa de bzhin du / sems can
thams cad la yang sangs rgyas nyid nyon mongs pa dang /
nye ba'i nyon mongs pa bye ba phrag 'bum gyis kun tu
bsrungs pa yod par de bzhin gshegs pa'i ye shes mthong bas
rig ste /

【新譯】　復次，善男子，譬如蜜房，蜜汁盈滿，懸於大樹，其狀團圓，有百千蜂周圍守護。時有一人欲求蜂蜜，乃以善巧方便，驅逐其蜂而取其蜜，乃得享用，隨其所適而用。

如是，善男子，一切有情無一餘，皆如蜜房，以如來知見（tathāgatajñānadarśana），即能知有無數煩惱、隨煩惱周邊環繞，於中有佛種性。

善男子，譬如善巧者認知蜂房中有蜜，周邊有無數蜂圍繞，以知見見佛種性亦復如是，悉皆為一切有情之煩惱、隨煩惱所環繞。

【藏文】 rigs kyi bu dag de la de bzhin gshegs pa yang thabs la mkhas
pas bung ba bsal ba de bzhin du sems can de dag gi 'dod
chags dang / zhe sdang dang / gti mug dang / nga rgyal dang /
rgyags pa dang / 'chab pa dang / khro ba dang / gnod sems
dang / phrag dog dang / ser sna la sogs pa'i nyon mongs pa
dang / nye ba'i nyon mongs pa rnams bsal nas / ji ltar sems
can de dag la yang nyon mongs pa dang / nye ba'i nyon
mongs pa de dag gis nye ba'i nyon mongs pa can du mi
'gyur ba dang / gnod par mi 'gyur ba de lta de ltar chos ston
to // de bzhin gshegs pa'i ye shes mthong ba de rnam par
sbyangs nas / 'jig rten na de bzhin gshegs pa'i bya ba byed
de / rigs kyi bu dag nga'i de bzhin gshegs pa'i mig yongs su
dag pa des / ngas sems can thams cad de ltar mthong ngo //

【新譯】　善男子，如同驅蜂，如來以善巧方便斷除有情貪、
　　　　　瞋、癡、慢、憍、妒、忿、怒、嫉、慳等煩惱隨煩
　　　　　惱，由是說法，令有情不復受煩惱隨煩惱所染污、
　　　　　所逼惱。

　　　　　如來知見，能淨除故，即是如來所作世間事業。善
　　　　　男子，我用如來極清淨眼，如是而見有情。

【藏文】 de nas de'i tshe bcom ldan 'das kyis tshigs su bcad pa 'di

dag bka' stsal to //

ji ltar 'di na sbrang tshang yod pa la //

bung bas kun tu bsrungs shing sbas gyur pa //

mi gang sbrang rtsi 'dod pas de mthong nas //

de ni bung ba rab tu skrod par byed //

de bzhin 'dir yang sbrang tshang lta bu ni //

srid pa gsum gyi sems can thams cad do //

de dag nyon mongs bye ba mang ba ste //

nyon mongs dbus na de bzhin gshegs 'dug mthong //

nga yang sangs rgyas rnam par sbyang don du //

bung ba skrod pa lta bur nyon mongs sel //

gang gis nyon mongs bye ba gnod 'gyur ba //

chos rnams 'dir ni thabs kyis rab ston te //

de dag ji ltar de bzhin gshegs gyur la //

'jig rten kun tu rtag tu bya byed cing //

spobs ldan ji ltar sbrang ma'i sbrang rtsi yi //

snod 'dra'i chos ston 'gyur bar bya phyir ro //

【新譯】 爾時世尊以偈頌言 ——

　　　譬如此有蜂蜜房　　有無數蜂作環繞
　　　欲求蜜者知有蜜　　即悉驅逐彼眾蜂

　　　有情所在之三有　　是即恰如此蜜房
　　　無數煩惱則如蜂　　於煩惱中如來住

　　　佛以為作淨除故　　斷除煩惱如驅蜂
　　　善巧方便而說法　　煩惱由是得根除

　　　直及至於證如來　　我皆常作佛事業
　　　辯才周遍諸世間　　說法猶如蜂蜜瓶

【新疏】　疏上來三段新譯。

這裡說，能見一切眾生皆有如來藏，是以佛的知見
而見，這不等如由佛智而見。用佛智當然可以見到
如來藏，但未得佛智，而具佛知見的行者，當亦能
見如來藏。這就說明，地上菩薩都能知見如來藏，
如求蜜的人能知見蜜房中有蜜。這一點非常重要，
倘如只有佛智才能知見如來藏，那麼如來藏便不能
成為觀修成佛的法門，因為觀修者無可知見故。所
以於新譯中，才著意於「如來知見」這個名言。

在這段經文及偈頌中，要留意到，強調佛所說法能
除煩惱及隨煩惱。亦即是說，佛的無量辯才皆為斷
除煩惱隨煩惱而說。那麼，無論佛用種種法異門來
說，這種種法異門，實在都是斷除煩惱隨煩惱的法
門，都能令人得蜜（佛種性），是故喻為「蜜
瓶」。這樣一來，我們便能知佛的密意，能知佛之
所說，皆為令眾生得開發如來種性，由是現證如來
法身，因此便知道，如來藏教法實最為究竟，有如
蜂蜜；一切法異門，實在只是驅除蜂群的善巧方
便，只是方法，不是所得果。倘如住在任一法異門
中，那麼便只是得到方法，而未能依果法而修證。

雙魚

【藏文】 rigs kyi bu dag gzhan yang 'di lta ste dper na / 'bras sa lu 'am / nas sam / ci tse 'am / 'bru rnams ni snying po phub mas yongs su bsrungs pa yin te / de rang gi phub ma las ma byung gi bar du bza' ba dang / bca' ba dang / myang ba'i bya ba mi byed kyi / rigs kyi bu dag skyes pa 'am / bud med gang dag bza' ba dang / bca' ba la sogs pa zas skom gyi bya ba 'dod pa de dag gis brngas shing brdungs te / phub ma'i sbubs dang phyi shun sel to //

rigs kyi bu dag de bzhin du de bzhin gshegs pa yang de bzhin gshegs pa'i spyan gyis sems can thams cad la de bzhin gshegs pa nyid / sangs rgyas nyid rang byung nyid / nyon mongs pa'i sbubs kyi shun pas dkris shing gnas par mthong ngo // rigs kyi bu dag de la de bzhin gshegs pa yang nyon mongs pa'i sbubs kyi shun pa bsal ba dang / de bzhin gshegs pa nyid yongs su sbyang ba dang / sems can 'di dag ji ltar nyon mongs pa'i sbubs kyi shun pa thams cad las grol te / 'jig rten du de bzhin gshegs pa dgra bcom pa yang dag par rdzogs pa'i sangs rgyas shes bya ba'i grangs su 'gro bar 'gyur snyam nas / sems can rnams la chos ston to //

【新譯】　復次，善男子，此如穀、麥、粟、稷等，諸實皆為
　　　　外殼所裹，若不出於外殼，則不堪成須咀嚼、不須
　　　　咀嚼、可飲用，及諸美食。於是，善男子，求食之
　　　　男女，於收割、脫粒後，則去其皮殼，而成諸美
　　　　食。

　　　　善男子，亦復如是，如來眼以如來知見，見一切有
　　　　情皆具如來種性、佛種性、自生智性
　　　　（svayaṃbhūta），為煩惱殼所裹。善男子，如來為
　　　　有情除煩惱殼，令其清淨，見如來種性，故為有情
　　　　說法。且常思念：有情如何得離煩惱殼，於世間成
　　　　如來應正等覺。

【藏文】 de nas de'i tshe bcom ldan 'das kyis tshigs su bcad pa 'di
dag bka' stsal to //

ji ltar 'bru 'am sa lu'i 'bras kyang rung //
ci tse 'am ni 'on te nas kyang rung //
ji srid bar du de dag phub bcas pa //
de srid bar du bya ba mi byed de //

de dag gis ni brdungs nas phub bsal na //
bya ba rnam pa mang po dag kyang byed //
snying po phub ma ldan pa de dag ni //
sems can rnams la bya ba mi byed do //

de bzhin sems can kun gyi sangs rgyas sa //
nyon mongs rnams kyis khebs par ngas mthong nas //
ngas ni de dag rnam par sbyang ba dang //
sangs rgyas myur thob bya phyir chos ston to //

sems can kun la nga 'dra'i chos nyid ni //
nyon mongs brgya yis dkris nas gang yod pa //
de ni rnam sbyangs thams cad ji lta bur //
rgyal bar myur 'gyur bya phyir chos ston to //

【新譯】 爾時世尊以偈頌言——

譬如粳米與大麥　　以及粟稷等諸實
悉皆為殼所覆裹　　由是不能成飲食

若然舂去其皮殼　　則堪成為諸美食
於皮殼中之諸實　　即為有情作利益

如是我見諸有情　　如來地為煩惱覆[4]
是故說法令淨除　　令彼速證佛種性

為速成就勝智者　　是故我宣說教法
有情法性本如佛[5]　　令煩惱殼得淨除

4　如來地，藏：sangs rgyas sa，對應梵：buddhabhūmi。

5　原作「有情法性本如我」，即說有情所具之法性，即如我（世尊）所具。因恐讀者誤解句中之「我」為「自我」，不知為世尊自稱，故今改譯為「有情法性本如佛」。

【新疏】 疏上來兩段新譯。

經言：「見一切有情皆具如來種性、佛種性、自生智性」，晉唐二譯，未完整譯出此句，唐譯則能譯出此句之義，但譯為「堅固安住自然之智」，便稍覺隱晦，未能突出如來種性、佛種性、自生智性三者並列，實在具有法、報、化三身三無分別的意義，這其實是如來藏的密意。如來種性表義為法身，佛種性表義為報身，自生智性表義為化身（因為有情成佛所證的根本智即自生智）。於三身無分別時，有情現證自生智，亦必同時現證佛種性與如來種性。這樣才能說是「於世間成如來應正等覺」，此中如來表法身，應表報身，正等覺表化身。

頌文中「為速成就勝智者」一句，與第一喻的頌文呼應，晉唐二譯，譯為「無上道」或「諸佛身」，皆未能突出頌文的密意，亦即未能突出，如來藏說法身為佛內自證智境界。這未必是譯師的缺失，可能是筆受者不明法義，於是隨意牽合，這實在是漢譯常見的問題。

吉祥結（無盡結）

【藏文】 rigs kyi bu dag gzhan yang 'di lta ste dper na / rul pa dang /
nyal nyil gyi gnas bshang gci dri mi zhim pas kun tu gang ba
zhig tu / mi gzhan gseb lam nas song ba zhig gi gser gyi gar
bu zlum po zhig lhung bar gyur la / bshang gci dri nga bas
kun tu gang ba / rul pa dang / nyal nyil gyi gnas der mi
gtsang ba gzhan dang gzhan dag gis mnan pas / bltar mi
snang bar gyur cing der de lo bcu 'am / nyi shu 'am / sum cu
'am / bzhi bcu 'am / lnga bcu 'am / lo brgya 'am / lo stong
du mi gtsang bas chud mi za ba'i chos can de sems can gang
la yang phan pa mi byed do //

rigs kyi bu dag de nas lhas lha'i mig gis gser gyi gar bu zlum
po de la bltas nas / mi zhig la kye mi khyod song la 'di na /
rin po che'i mchog gser rul pa dang / nyal nyil gyi rnam pas
non pa de byi dor gyis la gser gyis gser gyi bya ba gyis shig
ces bsgo na rigs kyi bu dag rul pa dang / nyal nyil gyi rnam
pa zhes bya ba de ni nyon mongs pa rnam pa sna tshogs kyi
tshig bla dags so // gser gyi gar bu zhes bya ba de ni chud mi
za ba'i chos can gyi tshig bla dags so // lhas lha'i mig ces
bya ba de ni / de bzhin gshegs pa dgra bcom pa yang dag par
rdzogs pa'i sangs rgyas kyi tshig bla dags so // rigs kyi bu
dag de ltar de bzhin gshegs pa dgra bcom pa yang dag par
rdzogs pa'i sangs rgyas kyang / sems can thams cad la de
bzhin gshegs pa'i chos nyid chud mi za ba yod pa'i nyon
mongs pa rul pa dang / 'dam rdzab lta bu rnams bsal ba'i
phyir / sems can rnams la chos ston to //

【新譯】　善男子，此復如金塊，有人懷之行於偏僻處，誤墮金塊於腐爛污垢中，於此盈滿糞穢之地，金塊於種種不潔中沉沒，由是不復顯現，如是或經十年、或二十年、或三十年、或四十年、或五十年，以至千年，雖為不潔物包裹，仍具無變異性（avināśadharmin），然而因為沾覆不潔，是亦不能為有情作利益。

　　善男子，直至有具天眼者見彼金塊，乃指以告人言：丈夫，汝往，此中有真金寶，為種種污腐所掩，汝往取之，加以清潔，此金即成可用。

　　於此，善男子，說為種種污腐者，比喻種種煩惱隨煩惱；說為金塊者，比喻無變異性；說為具天眼者，比喻如來應正等覺。

　　善男子，如是，如來應正等覺，向有情宣說教法，即為斷除如腐毀泥淖之煩惱故，一切有情皆具如來無變異性。

【藏文】 de nas de'i tshe bcom ldan 'das kyis tshigs su bcad pa 'di
dag bka' stsal to //

ju ltar mi yi gser gyi gar bu ni //
nyal nyil rnam pa'i nang du lhung gyur la //
der de lo ni mi nyung ba zhig tu //
de ltar gnas kyang mi 'jig chos can no //

lha yis lha yi mig gis de mthong nas //
rnam par sbyang phyir gzhan la smras pa ni //
'di na rin chen mchog gi gser yod pa //
rnam par sbyongs la des ni bya ba gyis //

de bzhin ngas ni sems can thams cad kyang //
nyon mongs rnams kyis yun ring rtag non mthong //
de dag gi ni blo bur nyon mongs shes //
rang bzhin sbyang phyir thabs kyis chos ston to //

【新譯】 爾時世尊以偈頌言——

　　譬如人所懷金塊　　誤墮種種污穢中
　　於污穢中經多年　　無變異性令不變

　　有具天眼者得見　　乃以告人令淨治
　　此中有金具價值　　洗之即便可使用

　　如是我見諸有情　　長時沉沒入煩惱
　　知彼煩惱為客塵　　隨應說法淨本性

【新疏】 疏上來兩段新譯。

譬為糞中的金塊，實在是比喻如來的無變異性（唐譯為「不壞法」），可以說，無變異性是如來的本性（prakṛti），所以這個比喻相當重要。

如來藏，說為智境（佛內自證智境）與識境（一切情器世間）雙運的境界，此中雙運，可說其本性為：智境無變異，識境無異離。這即是說，智境上雖然有周遍一切界的識境隨緣自顯現，然而智境實不受識境的煩惱隨煩惱所污染，因而改變其自性，如是即是智境無變異。至於識境，則永恆與智境不相異離，有如手掌不能與手背異離，以此之故，即可將智境比喻為識境的生成基，這便是識境的無異離。

於人的心性中，其實亦可以說是智識雙運。此中的佛性（佛種性），即是智境，此中煩惱隨煩惱，即是識境。佛性為煩惱所掩覆，是即無變異；至於煩惱，亦恆時與佛性相俱，是即無異離。然而，此無異離卻非永恆，因煩惱與隨煩惱非永恆故，是故即名為「客塵」。客塵便不是本性，因為不是本住。正以煩惱隨煩惱為客塵故，所以，才可以由聞思修而令其斷離。

我們還要知道，不能將情器世間看成是客塵，因為情器世間依智境而為基，煩惱隨煩惱則非依佛性而為基。所以若將智識雙運的心性，亦說為如來藏時，則只說無變異性便足，不須說無異離性。因此

說如來藏時，須分別依法界而說如來藏，或依心性
而說如來藏。《大乘起信論》說一心二門，被當成
是他空見，即因不知此分別，其實說一心二門，其
心真如門，可以當成是依法界而說如來藏，心與法
界無分別故；其心生滅門，可以當成是依心性而說
如來藏。

為了顯明這種分別，所以又有道名言的建立，稱為
「心性」及「心法性」，將心性作為識境，將心法
性作為智境，二者雙運，當然即是智識雙運境，但
卻可以說心性以無異離為本性，以心性恆依心法性
故；亦可以說心法性為無變異，以心法性不受心性
所污染故。這樣一來，便消除了依法界說如來藏或
依心性說如來藏的分別。

經中的頌文，沒有心法性這名言的施設，是故於此
喻中，只依心性來說如來藏，由是當說「本性」
時，便只強調智境的無變異性。本性與客塵相對，
本性無變異，而客塵則可斷除，這是觀修如來藏的
依據，所以這個比喻，與上來的比喻，有不同的喻
意。

【藏文】 rigs kyi bu dag gzhan yang 'di lta ste dper na / dbul po zhig
gi khyim gyi nang gi mdzod kyi 'og gi sa la gter chen po
dbyig dang gser gyis rab tu gang ba / mdzod kyi tshad tsam
zhig mi bdun srid kyi sas yog pa'i 'og na yod la // gter chen
po de mi dbul po de la 'di skad du / kye mi nga ni gter chen
po ste / sas yog cing 'dug go zhes ni mi smra ste / 'di lta ste /
gter chen po ni sems kyi ngo bo nyid kyis sems can ma yin
pa'o // mi dbul po khyim gyi bdag po de ni dbul ba'i sems
kyis rjes su sems shing de nyid kyi steng na rnam par rgyu
yang / sa'i 'og na gter chen po yod pa de ma thos mi shes ma
mthong ngo // rigs kyi bu dag de bzhin du sems can thams
cad kyi mngon par zhen pa'i yid la byed pa khyim lta bur
gyur pa'i 'og na / de bzhin gshegs pa'i snying po'i stobs
dang / mi 'jigs pa dang / ma 'dres pa dang / sangs rgyas kyi
chos thams cad kyi mdzod kyi gter chen po yod kyang /
sems can de dag gzugs dnag /sgra dang / dri dang / ro dang /
reg pa la chags pas sdug bsngal bas 'khor ba na 'khor te /
chos kyi gter chen po de ma thos pas thob par ma gyur cing
yongs su sbyang ba'i phyir brtson par yang mi byed do //

【新譯】　復次，善男子，譬如貧人家中地，有珍寶地庫，縱廣正等一俱盧舍（krośa），深七人（puruṣa）高，滿藏金寶充滿地庫。此珍寶非是有情，故不能如有情作言以語此貧人：丈夫丈夫，我是大寶藏，埋藏於地下。

此貧丈夫雖為珍寶主，於其上行走往來，卻不知不見藏於地下之珍寶，故仍自以為是貧人。

善男子，有情亦復如是，住於思維執著宅中，其下亦有大寶藏，是即如來性，具〔十〕力、〔四〕無畏、〔十八〕不共法與及諸佛法。

以有情著於色、聲、香、味、觸中，由是輪迴受苦。如同不聞大寶藏語，以不聞故，不得取〔佛〕法而成清淨。

【藏文】 rigs kyi bu dag de nas de bzhin gshegs pa 'jig rten du byung
ste / byang chub sems dpa'i nang du 'di lta bu'i chos kyi gter
chen po yang dag par rab tu ston to // de dag kyang chos kyi
gter chen po de la mos nas rko ste / de'i phyir 'jig rten na de
bzhin gshegs pa dgra bcom pa yang dag par rdzogs pa'i
sangs rgyas rnams shes bya ste / chos kyi gter chen po lta
bur gyur nas / sems can rnams la sngon ma byung ba'i gtan
tshigs kyi rnam pa dang / dpe dang / byed pa'i gtan tshigs
dang / bya ba rnams ston pa gter chen po'i mdzod kyi sbyin
bdag chags pa med pa'i spobs pa dang ldan zhing / stobs
dang / mi 'jigs pa dang / sangs rgyas kyi chos mang po'i
mdzod du gyur pa yin no // rigs kyi bu dag de ltar de bzhin
gshegs pa dgra bcom pa yang dag par rdzogs pa'i sangs
rgyas kyang de bzhin gshegs pa'i mig shin tu yongs su dag
pas / sems can thams cad de lta bur mthong nas / de bzhin
gshegs pa'i ye shes dang / stobs dang / mi 'jigs pa dang /
sangs rgyas kyi chos ma 'dres pa'i mdzod yongs su sbyang
ba'i phyir / byang chub sems dpa' rnams la chos ston to //

【新譯】善男子，如來出現世間，於菩薩眾中，開示大寶藏法。彼勝解此大寶藏法，即便掘取。以其已成為如佛之大寶法藏，故能辯才無礙教導有情，如理而作，所作成辦，由是〔菩薩〕住如來應供正遍知，為世間法藏。如同以大寶藏布施，菩薩以先未曾有之言説，〔布施〕種種佛法，以及力、無畏等。

善男子，如來應正等覺，以如來極清淨眼，見一切有情如是，故為菩薩眾説法，令一切有情〔如來〕藏清淨，此藏本具佛智、力、無畏、不共法等。

【藏文】　de nas de'i tshe bcom ldan 'das kyis tshigs su bcad pa 'di

dag bka' stsal to //

ji ltar dbul po'i khyim gyi 'og logs na //

dbyig dang gser gyis gang ba'i gter yod pa //

de la g.yo ba'am rlom sems yod min te //

nga ni khyod kyi yin zhes de mi smra //

de yi tshe na sems can khyim bdag de //

dbul bar gyur la rnam par mi shes shing //

sus kyang de la bsnyad pa med pas na //

dbul po de ni de yi steng na 'dug //

de ltar ngas ni sangs rgyas mig gis su //

sems can de dag thams cad dbul 'dra la //

de dag rnams la gter chen yod pa dang //

g.yo ba med cing bde gshegs lus su mthong //

ngas ni de mthong byang chub sems dpa' la //

khyod kyis nga yi ye shes mdzod zung la //

dbul ba med cing 'jig rten mgon gyur dang //

bla med chos gter 'gyur bar gyis shes bstan //

gang dag ngas bstan pa la mos gyur pa //

sems can de dag kun la gter yod do //

gang dag mos nas bdag nyid rtsol byed pa //

de dag myur du byang chub mchog thob 'gyur //

【新譯】　爾時世尊以偈頌言 ——

譬如貧家地下寶　　金寶充滿在其中
金寶不動無思維　　不能說是汝所有

如是有情為屋主　　卻成貧苦受困乏
不自知亦無人說　　貧人長此住寶上

如是若以佛眼見　　一切有情具寶藏
即是善逝無動身　　有情依舊住苦惱

見已故對菩薩說　　汝應掘取佛智寶
得成無上法寶藏　　離貧成為世依怙

若於我說能信解　　一一有情皆寶藏
具信精勤方便行　　即能疾證最勝覺

【新疏】 疏上來三段新譯。

在這裡，說出菩薩的輪迴因，即作意（思維）、執
著於色、聲、香、味、觸等五欲，由是有情不知自
身即是寶藏。

於此須知，凡有情作意，皆依名言顯現而作意。例
如說「山」，有情心中即有依名言而成的「山」此
心行相，這便是，於說「山」時，其實已作意於
「山」的名言，由此作意而成心行相。經文中說貧
人不知地下寶，即由於不能依作意思維而知，由是
須依菩薩說法而知自身即具大寶藏。

於經文中，佛說，佛向菩薩說法，然後由菩薩教導
有情。為甚麼不說為由佛直接教導有情呢？這是因
為有情恆常住於作意與執著，所以即使佛說——有
情皆大寶藏，有情亦無法掘取此寶藏，因為他未離
作意與執著故。若菩薩依佛教法，先教導有情如何
離作意與執著，那麼，有情於出離世間時（即離作
意與執著時），即能由信解而掘取寶藏。這掘取的
過程相當漫長，在《聖入無分別總持經》中，說寶
藏有四重，初為銀藏，次為金藏，更次為寶藏，至
第四重始為摩尼寶藏。佛說一切有情所具的如來
藏，即是摩尼寶藏，以掘取為喻，菩薩教導有情的
便是重重掘取的善巧方便，所以即有種種法異門，
如聲聞、唯識、中觀等教法。這即是說，菩薩於教
導法異門時，其實已通達如來藏，因此於說法異門
時，亦不違反如來藏教法。由此可知，法異門的宗
見，只能是善巧方便，非是究竟，中觀應成派不立

宗見，藏密甯瑪派不立二諦，便是怕學人落於宗見，誤將宗見作為究竟。

【藏文】 rigs kyi bu dag gzhan yang 'di lta ste / dper na / shing a
mra'i 'bras bu 'am / 'dzam bu'i 'bras bu 'am / ta la'i 'bras
bu 'am / spa'i 'bras bu yang rung ste / phyi shun gyi sbubs
kyi nang na // myu gu'i sa bon chud mi za ba'i chos can yod
pa gang gis sa la btab na / shing gi rgyal po chen por 'gyur
ro // rigs kyi bu dag de bzhin du de bzhin gshegs pa yang 'jig
rten na gnas pa 'dod chags dang / zhe sdang dang / gti mug
dang / sred pa dang / ma rig pa'i nyon mongs pa'i phyi shun
gyi sbubs kyis kun tu dkris par mthong ngo //

de la 'dod chags dang / zhe sdang dang / gti mug dang / sred
pa dang / ma rig pa'i nyon mongs pa'i sbubs kyi nang na
snying por gyur pa de bzhin gshegs pa'i chos nyid de ni
sems can zhes bya ba'i ming du chags so // de la gang bsil
bar gyur pa de ni mya ngan las 'das pa ste / ma rig pa'i nyon
mongs pa'i sbubs yongs su sbyangs pa'i phyir / sems can gyi
khams kyi ye shes chen po'i tshogs su gyur pa gang yin pa
de ni rnyed pa'o // sems can gyi khams kyi ye shes chen po'i
tshogs dam pa de ni / de bzhin gshegs pa ji lta ba de bzhin
du smra bar lha dang bcas pa'i 'jig rten gyis mthong nas / de
bzhin gshegs pa zhes bya ba'i 'du shes su byed do // rigs kyi
bu dag de la de bzhin gshegs pas de ltar mthong nas / byang
chub sems dpa' sems dpa' chen po rnams la / de bzhin
gshegs pa'i ye shes khong du chud par bya ba'i phyir don de
nye bar ston to //

【新譯】　復次，善男子，譬如菴摩羅果（amra）、瞻部果
　　　　（jambu）、多羅樹果（tāla）、藤樹果（vetra），於
　　　　外殼中有具無變異性種子、芽[6]，若種於地，可成大
　　　　樹王。

　　　　善男子，如是如來，見住於世間者，皆為貪、瞋、
　　　　癡、欲、無明外殼所裏，於中如來法性住於〔如
　　　　來〕藏中。若成清涼，即是涅槃。由於無明煩惱殼
　　　　得清淨故，即令有情界成大智聚。於天人世間，見
　　　　有情界中，亦具足有如如來之無上大智聚。能如是
　　　　見者即是如來。

　　　　善男子，為令得如來智故，以如是如來見向菩薩宣
　　　　說。

6　這裡說無變異性，不是說種子不可成芽，芽不可成樹，而是說此果種子不
　　能成彼果樹。

【藏文】 de nas de'i tshe bcom ldan 'das kyis tshigs su bcad pa 'di
dag bka' stsal to //

ji ltar spa yi 'bras bu thams cad ni //
nang na spa yi myu gu yod pa ste //
ta la dang ni 'dzam bu kun la 'ang yod //
nang na yod pa'i 'bras bu bskyed na skye //

de bzhin chos kyi dbang phyug 'dren pa yang //
sems can thams cad spa yi sa bon 'dra //
de kun nang na bde gshegs lus yod par //
zag med sangs rgyas mig gi dam pas mthong //

sbubs bshig ma gyur de ni sems can brjod //
mi shes nang na gnas kyang rlom sems med //
ting 'dzin thob ste gnas nas rab zhi ste //
de la g.yo ba ci yang yod ma yin //

dper na sdong chen sa bon las byung ltar //
sems can 'di dag ji ltar 'tshang rgya zhing //
lha dang bcas pa'i 'jig rten skyabs 'gyur zhes //
yongs su sbyang ba'i don tu chos gtam smra //

【新譯】 爾時世尊以偈頌言 ——

譬如藤實生藤芽　　餘諸果實亦如是
若令發芽及生長　　是則可以得其果

一切諸法自在王[7]　以佛無上無漏眼
見諸有情無一餘　　具善逝身如種子

種殼不壞名有情　　無明中佛非虛妄[8]
住於定時成寂靜　　無論如何皆不動

有情如何得證覺　　猶如種子成大樹
為清淨故我說法　　當為人天共皈依

7　「一切法自在王」，對應梵文為：aśeṣa-dharmeśvara。唐譯「我見悉無餘」，實為意譯。晉譯未譯此詞。

8　原句無「佛」字，僅云「住於無明中亦不成虛妄」，其意即指佛種性雖住無明，亦不成虛妄。

【新疏】 疏上來兩段新譯。

經文強調，不只人世間的有情有如來藏，即天人世間的有情亦有如來藏，這樣便顯示出宗教性。頌文說「**當為人天共皈依**」，實有密意。

如《維摩經》言，由六十二種邪見入道。此處說邪見，即是說外道宗教見。又如說如來藏諸經，常說外道見亦為先佛所說，此中實有兩種密意：一者，外道的言說只是識境，然而識境與智境從不異離，所以外道言說的本性亦可以說是法性，於不落名言而見外道法時，外道法的本質便亦是佛法。二者，在釋迦牟尼的時代，所指外道，當然是以印度教諸宗派為主。印度教以梵天、大自在天、那羅延天為崇拜對象，因此說「人天皈依」，便即是說梵天等亦應皈依於佛法。根據此理，佛家才可以建立人天乘，即由人天乘亦可以次第而證如來藏。

上來兩種密意，皆具大平等性，可以說為：外道法與佛法平等；外道與佛平等。這便是本段經文的主旨，下來的經文對此更有發輝。

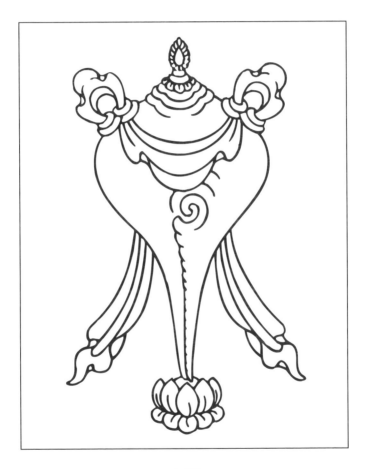

白螺

【藏文】 rigs kyi bu dag gzhan yang 'di lta ste dper na / skyes bu dbul po zhig la / de bzhin gshegs pa'i gzugs rin po che sna bdun las byas pa // lag mthil tsam zhig yod la / de nas skyes bu dbul po des / de bzhin gshegs pa'i gzugs de khyer te / 'brog dgon pa las skin tu 'da' bar 'dod par gyur nas // ci nas kyang de gzhan gyis mi tshor zhing / rkun pos mi khyer bar bya ba'i phyir / des de ras rul pa dri mi zhim pa'i dum bu du mas dkris te / de nas skyes bu de 'brog dgon pa de nyid du nyes pa gang gis kyang 'chi ba'i dus byas par ma gyur la / de'i de bzhin gshegs pa'i gzugs rin po che las byas pa / ras rul pa'i dum bus dkris pa yang rdog lam de na 'phyan cing 'dug pa dang / 'dron po rnams kyis ma shes nas / 'goms shing 'goms shing dong la // ras rul pa dri mi zhim pa'i dum bu'i thum bu kun tu 'dril ba 'di gang nas rlung gis bdas shes smad pa'i dngos por yang ston pa dang / 'brog na gnas pa'i lhas lha'i mig gis rnam par bltas nas / mi gzhan dag cig la bstan te / kye skyes bu dag ras kyi dum bu'i thum bu 'di'i nang na / de bzhin gshegs pa'i gzugs rin po che las byas pa / 'jig rten thams cad kyis phyag bya bar 'os pa yod kyis phye shig ces bsgo'o //

【新譯】 復次，善男子，譬如貧人有如來像，大如一掌，由七寶所成，於此貧人持如來像欲過險野時，不欲人見此寶像而被偷盜劫掠，乃以腐爛破布包裹。其後，此人以災難故於途中死去，此由破布所裹之如來像即便遺於路中，行人不斷往來跨越此像，唯指此像言：「此堆腐爛破布從何而來？」於如來像實未留意。

時方野中住有天人，由天眼見，當指以告行人言：「丈夫，此堆破布中有珍寶所成如來像，當為世間所應敬禮，汝可解而取之。」

【藏文】 rigs kyi bu dag de bzhin du de bzhin gshegs pa yang sems can thams cad nyon mongs pa'i dkri bas dkris te / smad pa'i 'os su gyur cing / yun ring por 'khor ba'i 'brog dgon pa na kun tu 'khyam par mthong ste / rigs kyi bu dag tha na dud 'gro'i skye gnas su song ba rnams kyang rung ste / sems can nyon mongs pa sna tshogs kyi dkri bas dkris par gyur pa rnams kyi nang na yang de bzhin gshegs pa'i lus nga ci 'dra ba yod pa mthong ngo // rigs kyi bu dag de la de bzhin gshegs pa ni / ji ltar de bzhin gshegs pa'i ye shes mthong ba / nye ba'i nyon mongs pa dang bral zhing / yongs su dag par gyur la / ji ltar da ltar nga bzhin du 'jig rten thams cad kyis phyag bya ba'i 'os su 'gyur snyam nas / nyon mongs pa'i dkri bas dkris pa las thar bar bya ba'i phyir / byang chub sems dpa' thams cad la chos ston to //

【新譯】　如是，善男子，如來見一切有情為煩惱包裹，長於輪迴險野中流轉。善男子，種種煩惱包裹中之諸有情眾，且有成為畜牲者，悉皆有如來身如我無異。

善男子，云何〔有情之〕如來智見，得由不淨而成清淨，堪為一切世間供養，猶如於我？當知，如來以此法教導一切菩薩，即為令其能脫離煩惱纏。

【藏文】　de nas de'i tshe bcom ldan 'das kyis tshigs su bcad pa 'di
dag bka' stsal to //

ji ltar dri nga smad par 'os rnams kyis //
yongs su dkris pa bde bar gshegs kyi gzugs //
rin chen byas pa ras dum dkris pa de //
lam gyi bar na bor te 'khyam gyur pa //

lha yi mig gis de ni mthong nas su //
lha des gzhan zhig la ni rab smras pa //
'di na de bzhin gshegs pa rin chen yod //
ras dum thum bu 'di ni myur du phye //

de bzhin nga yi lha mig 'di 'dra ba //
des ni sems can 'di dag thams cad kyang //
nyon mongs dkri bas dkris nas rab sdug bsngal //
'khor ba'i sdug bsngal gyis ni rtag gtses mthong //

ngas ni nyon mongs dkris pa'i nang dag na //
rgyal ba'i sku ni mnyam par bzhag gyur la //
de ni g.yo ba med cing mi 'gyur yang //
de yongs thar byed gang yang med par mthong //

ngas mthong de nas skul ma btab pa ni //
byang chub mchog tu gang dag zhugs pa nyon //
de ltar sems can chos nyid 'di 'drar rtag //
'di na yongs su dkris pa'i rgyal ba bzhugs //

bde bar gshegs kyi ye shes yongs bkrol nas //
gang tshe nyon mongs thams cad rab zhi ba //
de tshe 'di ni sangs rgyas ming thob ste //
lha dang mi rnams sems ni rab tu dga' //

【新譯】 爾時世尊以偈頌言 ——

譬如有此善逝像　雖然珍寶所造成
卻為腐爛破布裹　棄於曠野險惡處

天人以彼天眼見　即以告之與路人
此破布中有寶像　當速解除此破布

我見如彼天眼見　觀見有情無一餘
為煩惱纏所包裹　長時逼惱輪迴苦

於煩惱纏中我見　有勝智身極安穩
無有動搖與變異　然而無人能解纏

如是見已即勸喻　住勝覺者且諦聽
有情本性常如是　具煩惱裏勝智佛

解脫即便見佛智　一切煩惱得清淨
此時即可名為佛　諸人天眾心歡喜

【**新疏**】　疏上來三段新譯。

經文用特筆點明，「**種種煩惱包裹中之諸有情眾，且有成為畜牲者**」，那是為了顯示六道平等，此於上來疏文中已有說明。所以頌文說：「**有情本性常如是，具煩惱裏勝智佛**」。以平等故，是即六道有情都具足勝智佛。更說人天歡喜，亦是為了說平等性。

對於清淨大平等性，可以說是自然智性、根本智性、佛內自證智性。也即是說，佛內自證智即是清淨大平等性。說為清淨，是因為出離一切世間的名言與句義；說為大平等，是因為一切時空的有情悉皆平等，都具有佛性，這佛性，於頌文中便說名為「**勝智佛**」，用「勝智」一詞來代表佛內自證智。

本段經文實承接上段經文而來，以說大平等性為主旨，下來經文亦然。

尊勝幢

【藏文】 rigs kyi bu dag gzhan yang 'di lta ste dper na / bud med
mgon med par gyur pa / mdog ngan pa / dri mi zhim pa /
smad par 'os pa / 'jigs su rung ba / blta na mi sdug pa / 'dre
mo 'dra ba zhig mgon med pa'i khang par zhugs nas gnas so //
de der gnas pa dang sbrum mar gyur te / gang gis gdon mi za
bar 'khor los sgyur ba'i rgyal srid byed par 'gyur ba'i sems
can de 'dra ba zhig de'i mngal du zhugs kyang / bud med de
mngal na 'dug pa'i sems can de la bdag gi mngal du zhugs
pa'i sems can 'di ci 'dra ba zhig snyam du yang yid la mi
byed / bdag gi mngal du zhugs sam / ma zhugs snyam pa
yang de de na yid la mi byed kyi / gzhan du na de dbul ba'i
sems dang / zhum pa dang / dman pa dang / kho ru chung ba
snyam pa'i sems rjes su sems shing / mdog ngan pa dang /
dri mi zhim pa nyid kyis mgon med pa'i khang pa na gnas te /
dus 'da' bar byed do //

【新譯】　復次，善男子，譬如有一孤獨女人，形貌可厭，且
　　　　有惡臭，可憎可怖，如畢舍支（piśācī），住於偏遠
　　　　鄙陋屋。於住此時，偶然懷孕。雖有有情於胎宮生
　　　　起，決定為轉輪王，然此女人，則對此胎宮中有情
　　　　無所知，更不知是何種姓入我胎宮[9]。唯自念貧困憂
　　　　苦，下劣羸弱，我形醜陋，寄居偏遠鄙陋之屋。

9　此處譯文有改動，如依藏譯，則應譯為「是否有有情入我胎宮」，今依漢
　　譯改。

【藏文】 rigs kyi bu dag de bzhin du sems can thams cad kyang mgon
med par gyur cing / 'khor ba'i sdug bsngal gyis gtses par
gyur la / srid par skye ba'i gnas mgon med pa'i khang pa na
gnas so // de nas sems can rnams la de bzhin gshegs pa'i rigs
zhugs te / khong na yod kyang sems can de dag gis khong du
ma chud do // rigs kyi bu dag de la de bzhin gshegs pa ni
sems can dag bdag nyid la khyad du mi gsad par bya ba'i
phyir / rigs kyi bu dag khyed bdag nyid sro shi bar ma byed
par khyed brtson 'grus brtan par gyis shig dang / khyed la de
bzhin gshegs pa zhugs pa yod pa dus shig na 'byung bar
'gyur te / khyed byang chub sems dpa' zhes bya ba'i grangs
su 'gro bar 'gyur gyi / sems can zhes bya bar ni ma yin no //
der yang sangs rgyas shes bya ba'i grangs su 'gro'i / byang
chub sems dpa' zhes bya bar ni ma yin no zhes chos ston to //

【新譯】　如是，善男子，一切有情亦無依怙，為輪迴苦所迫惱，流轉〔三〕界，有如寄居偏陋屋。然而如來藏依然入於有情而成種姓，唯有情不覺而已。

善男子，為令有情更不自欺，故如來為彼說如是法：「善男子，莫自輕鄙，是當精進，汝終能見如來於心中顯現，由是而成菩薩，更非凡夫；復能成佛，更非菩薩。」

【藏文】 de nas de'i tshe bcom ldan 'das kyis tshigs su bcad pa 'di
dag bka' stsal to //

ji ltar bud med mgon med gyur pa zhig //
kha dog ngan cing gzugs ni mi sdug la //
byis pa yin te mgon med khang par gnas /
re shig dus na de ni der sbrum gyur //

de yi mngal du gang zhig nges par ni //
'khor los sgyur ba'i rgyal po che ba nyid //
rin chen rnams kyis 'phags pa gling bzhi yi //
bdag po byed par 'gyur ba de 'dra zhugs //

bud med byis pa de ni 'di lta bur //
mngal du zhugs sam ma zhugs mi shes la //
mgon med khang pa na ni gnas byed de //
dbul ba snyam du sems shing dus 'da' byed //

de bzhin ngas ni sems can thams cad kyang //
mgon med gyur la sdug bsngal chos kyis nyen //
khams gsum pa yi bde ba chung la gnas //
nang na chos nyid mngal 'dra yod par mthong //

de 'dra mthong nas byang chub sems dpa 'la //
'jig rten phan par byed pa mngal gnas na //
sems can kun gyis chos nyid ma shes kyis //
bdag dman 'du shes ma skyed cig ces bstan //

khyed cag brtson 'grus brtsam pa brtan gyis dang //
rang lus ring por mi thogs rgyal bar 'gyur //
dus zhig byang chub snying po thob gyur nas //
srog chags stong phrag bye ba grol byed 'gyur //

【新譯】 爾時世尊以偈頌言 ——

| 譬如愚婦無依怙 | 形容醜惡令人厭 |
| 寄居偏遠鄙陋處 | 或時忽然得成孕 |

| 入於彼之胎宮者 | 決定可成轉輪王 |
| 具大威德與七寶 | 四大部洲主宰者 |

| 然而愚婦卻不知 | 入於胎者即如是 |
| 依然處身鄙劣處 | 長時貧苦以度日 |

| 如是我見諸有情 | 無依怙且受迫惱 |
| 寄身三界耽少樂 | 身有法性如胎藏 |

| 如是見已教菩薩 | 一切有情具法性 |
| 胎中世利且光明[10] | 不應自居於卑下 |

| 故應堅固而精進 | 不久當成勝利王 |
| 瞬間當坐菩提場[11] | 解脫無量有情眾 |

10　「胎」，藏：mngal，此處以愚婦有轉輪王胎作喻，說有情具法性，成如來藏，此法性即有如如來胎。

11　「菩提場」，藏：byang chub snying po，對應梵文為bodhimaṇḍa。原意為「佛壇城」，可引申為成佛之處。

【新疏】 疏上來三段新譯。

此處經文依然說大平等性，但是對不淨地菩薩而說，所以經文與頌文中，佛說法的對象皆是不淨地菩薩。不淨地菩薩常常耽於所住之地，不欲捨離，主要是自生卑劣想，不敢成佛，並不是對自己所住之地自滿，所以經中即以愚醜婦懷轉輪王胎作喻，令不淨地菩薩敢於精進，斷除卑劣想。

頌文「藏中世利且光明」一句，是說如來藏性。如來藏既是智識雙運的境界，所以就具有識境的世間利益，以及智境的光明。這句頌文亦針對不淨地菩薩而說，不淨地菩薩常作意於光明，亦作意於世間利益，頌文則說，此二者本來俱足，不假修習而成，由是即須通達如來藏，依如來藏見地作抉擇與決定而成現證。

法輪

【藏文】 rigs kyi bu dag gzhan yang 'di lta ste dper na / spra tshil las rta'i gzugs sam / glang po che'i gzugs sam / bud med kyi gzugs sam / skyes pa'i gzugs dag cig byas te / 'jim pa'i nang du bcug nas g.yogs la bzhu ste / zags par byas la gser bzhu ste / zhu bar gyur pas bkang na / rim gyis grangs par gyur nas / mnyam par gnas par gyur pa'i gzugs de dag thams cad phyi rol gyi 'jim pa gnag cing kha dog mi sdug kyang / nang gi rnams ni gser las byas pa dag go // de nas mgar ba 'am / mgar ba'i slob ma zhig gis / de las gzugs gang dang gang dag grangs par gyur par mthong ba de dang de dag gi phyi rol gyi 'jim pa tho bas bkogs na / de nas skad cig de la nang na gser las byas pa'i gzugs yod pa dag yongs su dag par 'gyur ro //

【新譯】　復次，善男子，譬如以蠟作馬形、象形、男形、女
　　　　形，泥裏其外以成模，炙乾，於是加熱，傾去其
　　　　蠟，乃燒熔真金傾注模內，候其冷已，金像即成。
　　　　如是次第，金像於模內即如規範，其外則為黑泥。

　　　　如是，工匠或工匠學徒，見泥模已冷，即以錘去金
　　　　像外黑泥，金像於模內即澈底清淨。

【藏文】 rigs kyi bu dag de bzhin du de bzhin gshegs pa yang / de bzhin gshegs pa'i mig gis sems can thams cad 'jim pa'i gzugs lta bu yin la / phyi rol gyi nyon mongs pa dang / nye ba'i nyon mongs pa'i sbubs kyi nang gi sbu gu sangs rgyas kyi chos kyis gang ste / zag pa med pa'i ye shes rin po che'i nang na / de bzhin gshegs pa mdzes par 'dug par mthong ngo // rigs kyi bu dag de la de bzhin gshegs pas sems can thams cad de ltar mthong nas / byang chub sems dpa'i nang du song ste 'di lta bu'i chos kyi rnam grangs 'di dag yang dag par rab tu ston to // de la byang chub sems dpa' sems dpa' chen po gang dag zhi zhing bsil bar gyur pa de dag gi de bzhin gshegs pa'i ye shes rin po che yongs su sbyang ba'i phyir / de bzhin gshegs pa chos kyi rdo rje'i tho bas phyi rol gyi nyon mongs pa thams cad 'gogs so // rigs kyi bu dag mgar ba zhes bya ba de ni de bzhin gshegs pa'i tshig bla dags so // rigs kyi bu dag de bzhin gshegs pa dgra bcom pa yang dag par rdzogs pa'i sangs rgyas kyis / sangs rgyas kyi mig gis sems can thams cad de ltar mthong nas / nyon mongs pa de dag las thar par byas te / sangs rgyas kyi ye shes la rab tu dgod pa'i phyir chos ston to //

【新譯】　如是，善男子，如來以如來眼見一切有情，煩惱與隨煩惱殼中，有無漏佛智寶，如來端嚴，一如泥模中空處有像。

善男子，既見一切有情如是，如來即對菩薩眾，究竟説此法門，菩薩摩訶薩得寂靜清涼；如來為彼有情，以法金剛錘（darma-vajra-mudgara）去除其外煩惱，令如寶如來藏得清淨。

善男子，説為工匠者，比喻如來。善男子，於如來應正等覺，以佛眼見一切有情如是已，為有情説法，於如來智中極善建立有情[12]，令彼於煩惱中解脫。

12　極善建立，藏：rab tu dgod pa。此即謂於智境上建立有情界。

【藏文】 de nas de'i tshe bcom ldan 'das kyis tshigs su bcad pa 'di
dag bka' stsal to //

ji ltar gzugs ni phyi rol 'jim bas g.yogs //
nang ni sbu gu yod cing gsog yin pa //
rin chen bzhus pas rab tu bkang na ni //
brgya stong phrag ni mang por 'gyur ba yin //

mgar bas shin tu grangs par gyur shes nas //
'di ltar rin chen las ni byas pa 'di //
rnam dag gzugs 'gyur las gang bya snyam ste //
gzugs la g.yogs pa'i 'jim pa 'gogs par byed //

de bzhin ngas ni sems can thams cad kyang //
gser gzugs 'jim pas g.yogs pa 'dra ba ste //
phyi rol shun pa nyon mongs sbubs yin la //
nang na sangs rgyas ye shes yod par mthong //

de la byang chub sems dpa' gang dag ni //
zhi zhing shin tu bsil bar gyur pa dag //
gang gis de dag nyon mongs ma lus 'byin //
chos kyi lag chas de la 'gogs par byed //

【新譯】 爾時世尊以偈頌言 ——

譬如鑄像泥作模　　模內中空無所有
燒熔真金注令滿　　即成百千真金像

匠人知待鑄像冷　　則破覆蓋金像泥
如是外泥內真金　　終成清淨真金像

我見有情無一餘　　猶如金像在泥模
外殼即如煩惱纏　　於中具足如來智

如來以法作器具　　擊破清除其煩惱
菩薩寂靜及清涼　　煩惱斷除更無餘

【藏文】   rin chen gzugs ni blta na sdug pa ltar //

rgyal sras gang zhig 'dir ni dag gyur pa //

stobs bcu dag gis lus rnams yongs gang ste //

lhar bcas 'jig rten 'di na mchod par 'gyur //

ngas ni srog chags thams cad de ltar mthong //

byang chub sems dpa' 'ang ngas ni de ltar mthong //

de ltar dag pa bde bar gshegs 'gyur te //

bde gshegs dag ni sangs rgyas tshul ston to //

【新譯】　佛子如是成清淨　猶如可愛真金像
　　　　　身相圓滿具十力　應受人天之供養

　　　　　如是我見諸有情　如是我見諸菩薩
　　　　　成善逝成淨善逝　教導佛所轉法輪

【新疏】 疏上來四段新譯。

因為是對清淨地菩薩作喻，所以便將如來藏法門比喻為法金剛錘。淨地菩薩已經證智，但每地都有二種愚，一種粗重。這粗重，可以說是心理負擔，心理負擔則由愚而成。所謂愚，即是每地菩薩對地上現證的執著，他們或有害怕失去此現證者，因不敢捨離，便成執著，由是說此為愚。

所謂捨離，並不是放棄，亦不是作意遣除，而是任其自然而盡。譬如八地菩薩，於證九地時，八地的現證便自然而盡，並不是因為作意遣除了八地的現證才能證入九地。但是，於執持八地現證時，或作意遣除此現證時，這現證便成為煩惱，覆蓋如來藏，有如泥模覆蓋金像。是故，如何淨治如來藏，便成為淨地菩薩的難處。因此在比譬中，才須要說用法金剛錘來淨治。

觀修如來藏，通達七種金剛空性非常重要。此說金剛空性，即是智識雙運境的「非空非非空」，亦即以「非空非非空」此中道，成立金剛空性，於說空性，金剛空性最為究竟，因為這是如來法身與如來法身功德雙運性，也可以說是根本智與後得智雙運性，施設名言為空性。淨地菩薩於金剛空性中次第現證，然後才能究竟證入智識雙運的境界。如果拿螢光屏來比喻，那就是，住在螢光屏中的人，現證自己所住的螢光屏及其功能。簡言之，若欲證入雙運境，必須先入雙運智。經中的比喻，其實就是比喻這點道理。

不妨更說此喻。鑄金像先要成立蠟模，鑄成之後的金像形狀跟蠟模無異，這是甚麼表義呢？蠟模比喻識境，金像比喻智境，因此二者可以說為不一不異，這恰恰就是智識雙運界了。所以在了義佛經中，說外道即是佛法，說魔即是佛，說一切眾生皆是如來，那便等於說蠟像有如金像。明白這重意思，便知道這重比喻的密意。

【藏文】 de nas bcom ldan 'das kyis byang chub sems dpa' rdo rje'i blo gros la bka' stsal pa / rdo rje'i blo gros rigs kyi bu 'am / rigs kyi bu mo khyim pa 'am / rab tu byung ba yang rung ste / gang zhig de bzhin gshegs pa'i snying po'i chos kyi rnam grangs 'di 'dzin pa dang / 'chang ba dang / klog pa dang / kun chub par byed pa dang / glegs bam du byas te 'jog pa dang / gzhan dag la yang rgya cher 'chad pa dang / yang dag par rab tu ston pa de bsod nams mang du skyied par 'gyur ro //

【新譯】　爾時，世尊告金剛慧菩薩摩訶薩言：金剛慧，若出
　　　　　家在家善男子善女人，領受此如來藏法門，受持、
　　　　　讀誦、令得究竟，且書寫編集經卷，為他人廣說，
　　　　　即生無量功德。

【藏文】 rdo rje'i blo gros yang byang chub sems dpa' gzhan gang
zhig de bzhin gshegs pa'i ye shes bsgrub pa'i phyir brtson
par gyur la / 'jig rten gyi khams re rer yang sangs rgyas
thams cad la yang mchod pa'i phyir / rdzu 'phrul bsgrubs
nas 'di lta bu'i ting nge 'dzin la snyoms par zhugs te / ting
nge 'dzin gyi stobs bskyed pa des sangs rgyas kyi zhing bye
ba khrag khrig 'bum phrag gangga'i klung gi bye ma bas
kyang mang ba rnams su / gang gā'i klung gi bye ma bas
kyang mang ba'i sangs rgyas bcom ldan 'das byang chub
sems dpa' rnams dang bcas pa / nyan thos kyi dge 'dun dang
bcas pa bzhugs shing gnas pa'i de bzhin gshegs pa re re la
yang khang pa brtsegs pa / dus su bde ba / rgyar dpag tshad
tsam la / 'phang du dpag tshad bcu pa / rin po che thams cad
las byas pa / lha'i dri zhim po dang ldan pa / me tog sil ma
sna tshogs bkram pa / longs spyod kha na ma tho ba med pa
thams cad dang ldan pa / 'bum phrag gangga'i klung lnga
bcu'i bye ma snyed nyin re zhing phul te / bskal pa 'bum du
tshang ba'i bar du 'di lta bu'i mchod pa byed pa bas / rigs
kyi bu 'am / rigs kyi bu mo gang gzhan zhig byang chub tu
sems bskyed de / de bzhin gshegs pa'i snying po'i chos kyi
rnam grangs 'di las dpe gcig tsam lus la 'chang ngam / glegs
bam du gnas par byed na / rdo rje'i blo gros de'i bsod nams
mngon par 'du byed pa de la / bsod nams mngon par 'du
byed pa snga mas brgya'i cha dang / stong gi cha dang /
'bum gyi cha dang / grangs dang / cha dang / bgrang ba dang /
dper yang nye bar mi 'gro ste / rgyur yang mi bzod do //

【新譯】　金剛慧，或有菩薩為得現證如來藏，於一一世間無餘供養諸佛，至得〔四〕神足後，即能得如是三摩地力，以此三摩地生起之力，得向多於恆河沙數之諸佛世尊中，現前一一如來，日日獻供樓台；於多逾俱胝那庾多恆河沙數佛剎土，每季向菩薩及聲聞眾供養樓台。樓台寬深各一踰繕那，高十踰繕那，由諸雜寶而成，具足天香，散種種天花，成辦種種受用之具。如是歷百千劫，供養多於五十百千恆河沙數，如是而成供養。

若有善男子善女人，發菩提心，或在於身，或在經卷，或於如來藏經僅取其一喻，金剛慧，前者所積功德，不及此所積功德百分之一、千分之一、百千分之一、任何數量分之一、任何算數分之一，是實無可比量。

【藏文】 rdo rje'i blo gros yang byang chub sems dpa' gang sangs
rgyas kyi chos yongs su tshol bas / sangs rgyas bcom ldan
'das de dag las de bzhin gshegs pa re re la yang bskal pa
'bum tshang gi bar du / shing man da ra ba'i me tog khal
bzhi pa 'bum 'thor la // rdo rje'i blo gros dge slong ngam /
dge slong ma 'am / dge bsnyen nam / dge bsnyen ma zhig
gis / byang chub tu sems bskyed de / de bzhin gshegs pa'i
snying po'i chos kyi rnam grangs 'di thos nas / thal mo lhan
cig sbyar te / rjes su yi rang ngo zhes tshig gcig smras na /
rdo rje'i blo gros bsod nams mngon par 'du bya ba dang /
dge ba mngon par 'du bya ba de la me tog dang / me tog
phreng phul ba dang ldan pa / de bzhin gshegs pa la bzhag
pa'i bsod nams mngon par 'du bya ba dang / dge ba mngon
par 'du bya ba snga ma des / brgya'i cha dang / stong gi cha
dang / 'bum gyi cha dang / grangs dang / cha dang / bgrang
ba dang / dper yang nye bar mi 'gro ste / rgyur yang mi bzod
do //

【新譯】　如是，金剛慧，菩薩欲求此佛法，依諸佛世尊一一
如來，以四百千斛曼陀羅花作供養，如是歷滿百千
劫。金剛慧，若比丘、比丘尼、居士男、居士女，
欲求菩提，於聞如來藏法門後，合掌而言曰：我作
隨喜。前供花者、供花鬘者之功德，與此積集之功
德，不及其百分一、千分一、百千分一、任何數量
分一、任何算數分一，所積集功德福德皆無可比
量。

【藏文】 de nas de'i tshe bcom ldan 'das kyis tshigs su bcad pa 'di
dag bka'stsal to //

sems can la la gang zhig byang chub la //
mos pa bskyed nas di nyan 'dzin pa 'am //
yi ger 'dri 'am glegs bam gzhag byed cing //
gus dang bcas pas tshigs bcad gcig bshad dam //

de bzhin gshegs pa'i snying po 'di thos nas //
gang zhig byang chub mchog 'di tshol byed na //
bsod nams phung po ji tsam skyed 'gyur ba //
de yi phan yon 'dir ni mnyan par gyis //

rdzu 'phrul stobs mchog 'di la gnas nas su //
dpa' bo bskal pa dag ni stong bar du //
phyogs bcu rnams su mi yi gtso bo dag //
nyan thos bcas pa rnams la sti stang byed //

ji ltar gangga stong mang bye ba bas //
de bas lhag pa bsam gyis mi khyab pa'i //
gzhal med khang mchog rin chen las byas pa //
'jig rten slob dpon re re la yang phul //

de dag 'phang du dpag tshad bcu yod la //
chu dang rgyar ni dpag tshad gcig yod pa //
spos dang bdug pa dag dang rab ldan la //
de na rin chen las byas khri bshams shing //

【新譯】 爾時世尊以偈頌言 ——

若有人樂求菩提　　聞此經典而受持
乃至書寫成經卷　　即或僅能說一偈

或然聞受如來藏　　其人即求勝菩提
於彼聞法之功德　　有大福德藏生起

若丈夫住神通力　　頂禮供養人中尊
以及十方聲聞眾　　乃至於滿一千劫

世間導師無一餘　　皆向獻供妙寶樓
經歷無數恆沙劫　　其數實在不思議

寶樓高十踰繕那　　一踰繕那之深廣
塗香燒香勝莊嚴　　於中更數設寶座

【藏文】   dar dang bcos bu'i ras ni brgya bting ba'i //

khri dag dang ni khri stan gzhan rnams kyang //

ji ltar gangga'i klung bzhin dpag med pa //

rgyal ba gcig la dbul ba byas gyur la //

rgyal ba gang dag 'jig rten khams bzhugs pa //

ji ltar gangga'i bye ma bas mang ba //

rgyal ba de dag rnams la de ltar phul //

kun la gus par mchod pa byed pa bas //

mkhas pa gang zhig mdo sde 'di thos nas //

dpe gcig tsam zhig yang dag 'dzin byed dam //

bzung nas mi 'ga' zhig la 'chad byed na //

de ni de bas bsod nams phung po mang //

dpa' bos bzung ba'i bsod nams 'di la ni //

cha dang dper yang de ni nyer mi 'gro //

srog chags dag ni kun gyi skyabs 'gyur zhing //

de ni myur du byang chub mchog 'tshang rgya //

de bzhin gshegs kyi snying po 'dra yod pa //

sems can dag ni kun gyi chos nyid 'di //

byang chub sems dpa' mkhas pa gang sems pa //

de ni rang byung sangs rgyas myur du 'gyur //

【新譯】　寶座以及諸肩輿　皆敷絲繒逾百數
　　　　　如恆河沙數無量　獻於一一諸佛前

　　　　　住於世間勝智佛　其數多於恆河沙
　　　　　皆獻供以妙寶樓　懷感恩心而承事

　　　　　然而智者聞此經　只持一喻而正行
　　　　　或行或解教他人　福德勝於前福聚

　　　　　彼丈夫之福德量　不及智者福一分
　　　　　為諸有情作依怙　疾速現證無上覺

　　　　　具智菩薩能思維　此如來藏相應法
　　　　　是諸有情之法性　即疾證覺自然智

【新疏】　疏上來五段新譯。

　　　此處說算數，似乎很瑣碎，其實亦有密意，因為在
　　　其他的經典中，很少用這樣的算數來計量，由百分
　　　一，累數到千百分一，然後再說是任何數量分一，
　　　任何算數分一。再聯系到上來經文，亦說「或經十
　　　年、或二十年、或三十年、或四十年、或五十年，
　　　以至千年」，如是說並非囉唆，只是表義為實無算
　　　數，是即無數。

　　　在了義經中，常說無量、無邊、無數，其表義應理
　　　解為：超越於量、超越邊際、超越於數，其含義便
　　　是超越識境。

【藏文】 rdo rje'i blo gros rnam grangs 'dis kyang 'di ltar chos kyi rnam grangs 'di ji ltar byang chub sems dpa' sems dpa' chen po rnams la thams cad mkhyen pa'i ye shes bsgrub par 'gyur ba'i gces spras byed par rig par bya'o // rdo rje'i blo gros sngon byung ba 'das pa'i dus na / bskal pa grangs med pa shin tu rgyas pa / tshad med pa / bsam gyis mi khyab pa / mtshungs pa med pa / brjod du med pa / de'i pha rol bas kyang ches pha rol du gyur pa de'i tshe de'i dus na / de bzhin gshegs pa dgra bcom pa yang dag par rdzogs pa'i sangs rgyas rig pa dang zhabs su ldan pa / bde bar gshegs pa / 'jig rten mkhyen pa / skyes bu 'dul ba'i kha lo sgyur ba / bla na med pa / lha dang mi rnams kyi ston pa / sangs rgyas bcom ldan 'das rtag tu 'od zer gtong zhes bya ba 'jig rten du byung ngo //

【新譯】　金剛慧，以此法門，應知此經能究竟利益菩薩摩訶薩眾，能引現證一切智智（sarvajñajñāna）故。

金剛慧，於過去無數廣遠不可計量不可思議不可比擬不可說劫，遠超〔時間〕邊際，爾時有出世如來應、正等覺，名常放光明（Sadāpramuktaraśmi），善逝、世間解、調御丈夫、無上丈夫、天人師、佛、世尊。

【藏文】 rdo rje'i blo gros ci'i phyir de bzhin gshegs pa de rtag tu 'od zer gtong zhes bya zhe na / rdo rje'i blo gros bcom ldan 'das de bzhin gshegs pa rtag tu 'od zer gtong de byang chub sems dpar gyur pa na // ma'i mngal du zhugs ma thag tu de ma'i mngal na 'dug bzhin du lus las 'od byung ste / shar phyogs su 'jig rten gyi khams 'bum phrag sangs rgyas kyi zhing bcu'i rdul phra rab kyi rdul snyed dag snang bas rtag tu khyab par gyur to // de bzhin du lho dang / nub dang / byang dang / shar lho dang / lho nub dang / nub byang dang / byang shar dang / 'og dang / steng gi phyogs dang / phyogs bcu'i 'jig rten gyi khams 'bum phrag sangs rgyas kyi zhing bcu'i rdul phra rab kyi rdul snyed dag snang bas rtag tu khyab par gyur te / byang chub sems dpa' de'i lus kyi 'od dga' bar 'gyur ba / sdug pa / mchog tu dga' ba byed pa / mgu bar 'gyur bas 'jig rten gyi khams 'bum phrag de snyed snang bas rtag tu khyab par gyur to //

【新譯】　金剛慧，何緣故，彼如來名常放光明？金剛慧，於
　　　　世尊常放光明如來為菩薩時，入於母胎，處母胎中
　　　　身放光明，東方十佛剎土微塵數百千世界皆普照
　　　　耀。如是十方，餘南、西、西南、西北、東南、東
　　　　北，以及上、下，其百千世界，如十佛剎土微塵
　　　　數，普常照耀。菩薩身適悅光普常照耀百千世界令
　　　　生歡喜。

【藏文】 rdo rje'i blo gros byang chub sems dpa' ma'i mngal na gnas pa de'i 'od kyis 'jig rten gyi khams 'bum de dag tu sems can gang dag la reg par gyur pa de dag thams cad gzi brjid dang ldan pa dang / kha dog dang ldan pa dang / dran pa dang ldan pa dang / blo gros dang ldan pa dang / rtogs pa dang ldan pa dang / spobs pa dang ldan par gyur to // 'jig rten gyi khams 'bum de dag na sems can gang dag sems can dmyal ba dang / did 'gro'i skye gnas dang / gshin rje'i 'jig rten dang / lha ma yin rnams kyi nang du skyes par gyur pa de dag thams cad byang chub sems dpa' de'i 'od kyis reg pa tsam gyis rang gi 'gro ba dag nas shi 'phos te / lha dang mi rnams kyi nang du skyes so // de dag reg pa tsam gyis bla na med pa yang dag par rdzogs pa'i byang chub las phyir mi ldog par gyur to // yang phyir mi ldog pa gang dag la 'od des reg pa de dag reg ma thag tu de dag thams cad mi skye ba'i chos la bzod pa thob par gyur to // yon tan lnga brgya pa'i le'u zhes bya ba'i gzungs kyang thob bo //

【新譯】　金剛慧，百千世界中一切有情，觸處胎菩薩身光，
　　　　即得威力與妙色，具念、具慧、具行、具足辯才。

　　　　百千世界一切有情，有墮生於地獄界、畜牲界者，
　　　　或墮生於閻羅阿修羅界者，由彼菩薩身光照觸故，
　　　　頓時即得捨其生而生於人天界。

　　　　彼諸世界人天眾，由於照觸力，立刻成就於無上菩
　　　　提更不退轉，〔得五神通〕。[13]

　　　　更者，彼一切由照觸而即成不退轉眾，於更照觸
　　　　時，無刻得無生法忍，且得五百功德轉陀羅尼。

---

[13]　藏譯無此句，今依漢二譯補。

【藏文】 byang chub sems dpa' ma'i mngal na gnas pa de'i lus kyi
'od kyis / 'jig rten gyi khams 'bum gang dag la reg par gyur
pa de dag thams cad bai ḍūrya las grub par yongs su gnas par
gyur te / gser gyi skud pas mig mangs ris su bres par gyur la /
mig mangs ris thams cad nas kyang rin po che'i shing ljon
pa me tog dang / 'bras bu dang / dri dang / kha dog dang
ldan pa rnams 'thon par gyur to // rin po che'i shing de dag
rlung gis bskyod cing rlung gis bsgul na / 'di lta ste / sangs
rgyas kyi sgra dang / chos kyi sgra dang / dge 'dun gyi sgra
dang / byang chub sems dpa'i sgra dang / byang chub sems
dpa'i stobs dang / dbang po dang / byang chub kyi yan lag
dang / rnam par thar pa dang / ting nge 'dzin dang / snyoms
par 'jug pa'i sgra snyan pa yid du 'ong ba 'di lta bu 'di dag
byung ngo // rin po che'i shing ljon pa'i sgra des kyang 'jig
rten gyi khams 'bum de dag thams cad na / sems can rnams
dga' ba dang / mchog tu dga' ba thob nas gnas so // sangs
rgyas kyi zhing de dag thams cad na / yang sems can dmyal
ba dang / dud 'gro'i skye gnas dang / gshin rje'i 'jig rten
dang / lha ma yin gyi ris rnams med par gyur to // byang
chub sems dpa' ma'i mngal na gnas pa de yang sems can de
dag thams cad la zla ba'i dkyil 'khor bzhin du snang bar
gyur to // mngal na gnas pa nyid la nyin lan gsum mtshan lan
gsum du thal mo sbyar ba'i las byas so //

【新譯】所有得處胎菩薩身光照觸之一切百千世界，皆成吠琉璃，黃金為繩以界〔八〕道，寶樹列於各各方角，皆生花果，具足色香。於寶樹受風吹搖時，從寶樹出悅意和雅聲，是即佛聲、法聲、僧聲、菩薩聲，具足菩薩五力、五根、七覺支、解脫、等持以及等至之聲。由此寶樹聲，一切百千世界中有情眾，皆住於法喜及禪悅。於一切佛剎土，其地獄、畜牲、閻羅、阿修羅界，悉皆更不復見。

【藏文】 rdo rje'i blo gros de ltar byang chub sems dpa' de btsas pa dang / mngon par byung ba dang / byang chub mngon par rdzogs par sangs rgyas kyi bar du byang chub sems dpa' de'i lus las 'od rtag tu byung bar gyur to // mngon par rdzogs par sangs rgyas nas kyang bcom ldan 'das de'i lus las 'od rtag tu byung bar gyur to // tshul de bzhin du yongs su mya ngan las 'da' ba'i dus kyi bar du bcom ldan 'das de'i lus kyi 'od de rtag tu byung bar gyur to // de bzhin gshegs pa de yongs su mya ngan las 'das te / ring bsrel mchod rten na gnas pa'i tshe yang lus kyi 'od de rtag tu byung bar gyur te / rdo rje'i blo gros de'i phyir bcom ldan 'das de rtag tu 'od zer gtong zhes bya bar / lha dang mi rnams kyis mtshan gsol to //

rdo rje'i blo gros yang bcom ldan 'das de bzhin gshegs pa dgra bcom pa yang dag par rdzogs pa'i sangs rgyas rtag tu 'od zer gtong de dang po mngon par rdzogs par sangs rgyas pa'i bstan pa la / byang chub sems dpa' 'od gzer mtha' yas shes bya ba g.yog stong dang ldan pa zhig byung ste / rdo rje'i blo gros byang chub sems dpa' 'od zer mtha' yas des / bcom ldan 'das de bzhin gshegs pa dgra bcom pa yang dag par rdzogs pa'i sangs rgyas rtag tu 'od gzer gtong de la / de bzhin gshegs pa'i snying po'i chos kyi rnam grangs 'di las brtsams te yongs su dris so //

【新譯】　菩薩處母胎中，為此等有情眾，晝夜六時常放光明如滿月，合掌而住，乃至降誕。

金剛慧，彼菩薩誕生即成出離，現正等覺，其時菩薩依然如是由身放光，及至證覺，世尊身亦常放光，即至世尊取般涅槃，其身光依然放射，所遺舍利置於塔中，放光明依舊，以此因緣，是人天即稱世尊為常放光明。

金剛慧，彼常放光明如來、世尊、應、正等覺，於剛始證覺時，即有名為無量光之菩薩來，彼常與二十俱胝菩薩以為眷屬。金剛慧，無量光菩薩於常放光明世尊、如來、應、正等覺，已曾問此如來藏法門。

【藏文】 de nas bcom ldan 'das de bzhin gshegs pa dgra bcom pa yang dag par rdzogs pa'i sangs rgyas rtag tu 'od zer gtong des / byang chub sems dpa' de dag rjes su gzung ba dang / yongs su gzung ba'i phyir stan gcig la 'dug bzhin du / bskal pa chen po lnga brgyar de bzhin gshegs pa'i snying po'i chos kyi rnam grangs 'di yang dag par rab tu bshad de / des de bzhin gshegs pa'i snying po'i chos kyi rnam grangs 'di tshig rnam par shes par bya bas / chos bsgrub pa dang / nges pa'i tshig dang / dpe 'bum phrag du mas byang chub sems dpa' de dag la yang dag par rab tu bshad pas phyogs bcu rnams su sangs rgyas kyi zhing bcu'i rdul phra rab kyi rdul snyed kyi 'jig rten gyi khams su yang tshegs chung ngus go bar gyur to //

【新譯】 常放光明如來、應、正遍知，為饒益攝受菩薩眾故，五百劫不起於座，廣説此如來藏經，以種種句作了別，以種種説作説法，以百千譬喻作詮釋，由是十方各十佛剎微塵數俱胝百千世界中〔菩薩〕，皆能以少功用而知。

【藏文】 rdo rje'i blo gros de la byang chub sems dpa' gang dag gis
de bzhin gshegs pa'i snying po'i chos kyi rnam grangs 'di
tha na de bzhin gshegs pa'i snying po zhes bya ba'i ming
thos pa de dag thams cad mthar gyis dge ba'i rtsa ba yongs
su smin nas / yon tan bkod pa de 'dra ba nyid du / bla na med
pa yang dag par rdzogs pa'i byang chub mngon par rdzogs
par sangs rgyas te / byang chub sems dpa' sems dpa' chen
po bzhi ni ma gtogs so // rdo rje'i blo gros de'i tshe de'i dus
na / byang chub sems dpa' 'od zer mtha' yas shes bya bar
gyur pa de gzhan zhig yin pa snyam du khyod sems na / de
de ltar mi blta ste / rdo rje'i blo gros khyod nyid de'i tshe
de'i dus na / byang chub sems dpa' 'od zer mtha' yas zhes
bya bar gyur to // bcom ldan 'das de'i bstan pa la gang dag
da dung yang bla na med pa yang dag par rdzogs pa'i byang
chub mngon par rdzogs par sangs ma rgyas pa'i byang chub
sems dpa' bzhi po de dag gang zhe na / 'di lta ste / byang
chub sems dpa' 'jam dpal dang / mthu chen thob dang /
spyan ras gzigs dbang phyug dang / rdo rje'i blo gros khyod
nyid de bzhi pa'o // rdo rje'i blo gros de ltar de bzhin gshegs
pa'i snying po'i chos kyi rnam grangs 'di thos pa tsam gyis
byang chub sems dpa' sems pa' chen po rnams la / sangs
rgyas kyi ye shes sgrub pas don che ba yin no //

【新譯】　金剛慧，由善根力，一切聞受如來藏經諸菩薩，乃至僅聞此經名號者，皆漸次成熟。於是，以此因緣，殊勝功德即不可思議顯現，相應於彼〔菩薩眾〕，令成正等覺。此中唯除四菩薩摩阿薩。

金剛慧，汝若以為，於其時無量光菩薩只是他人，汝實不應起此念，金剛慧，即汝身是，汝於是時即是無量光菩薩。

誰是承世尊意旨，不取正覺成佛至於今日之四菩薩？此四者為妙吉祥、大勢至、觀自在，以及汝金剛慧。

金剛慧，此如來藏法門實有大利益，菩薩摩訶薩得聞，即立刻現證佛智。

【藏文】 de nas de'i tshe bcom ldan 'das kyis tshigs su bcad pa 'di dag bka' stsal to //

'das pa'i dus ni bskal pa mtha' yas na //
bcom ldan 'od zer gtong zhes bya ba byung //
de'i lus las 'di 'dra'i 'od byung bas //
zhing rnams bye ba stong dag snang bar gyur //

rgyal ba dang po mngon rdzogs sangs rgyas rig //
byang chub sems dpa' 'od zer mtha' yas kyis //
de tshe bde gshegs rgyal dbang de la zhus //
mdo 'di rtag tu yang dag rab tu bshad //

gang gis rgyal de'i bstan la mdo sde 'di //
'dren pa las ni mngon sum thos gyur pa //
de kun myur du byang chub dam pa thob //
byang chub sems dpa' bzhi ni ma gtogs te //

【新譯】 爾時世尊以偈頌言 ——

於過去世無數劫　　世尊示現放光明
煇光由身而放射　　照耀無數佛剎土

於佛初成等正覺　　彼時無量光菩薩
啟問善逝勝利王　　此經彼時即宣說

從師聞經所有眾　　從於勝智者教法
疾速成就勝菩提　　此中唯除四菩薩

【藏文】   mthu chen thob dang spyan ras gzigs dbang phyug //
          byang chub sems dpa' 'jam dpal gsum pa ste //
          rdo rje'i blo gros khyod nyid bzhi pa yin //
          de tshe de dag gis ni mdo 'di thos //

          byang chub sems dpa' 'od zer mtha' yas pa //
          de tshe gang gis rgyal la zhus byung ste //
          de'i dbang byas bde gshegs sras po ni //
          de tshe rdo rje'i blo gros khyod nyid yin //

          nga yang sngon ni spyad pa spyod pa'i tshe //
          bde bar gshegs pa sengge'i rgyal mtshan las //
          mdo sde 'di yi ming ni thos par gyur //
          gus par byas te thos nas thal mo sbyar //

          nga ni legs par byas pa'i las de yis //
          byang chub dam pa myur du thob par gyur //
          de bas byang chub sems dpa' mkhas rnams kyis //
          rtag tu mdo mchog 'di ni gzung bar bya //

【新譯】　大勢至及觀自在　　妙吉祥為第三位
　　　　　汝金剛慧即第四　　皆是其時聞經者

　　　　　其時無量光菩薩　　即是當時問法者
　　　　　憶善逝子金剛慧　　昔時之彼即是汝

　　　　　往昔我行菩薩行　　從師子幢善逝處
　　　　　即曾聽受於此經　　恭敬合掌生感激

　　　　　即由於此善根故　　我疾速證勝菩提
　　　　　是故具智菩薩眾　　悉當受持此經典

【新疏】　疏上來九段新譯。

由常放光明如來，即可見如來藏的四種功德（不是自性），為常、樂、我、淨。光明恆常，即是法身功德恆常；由光明成就一切眾生，所以法身功德為樂；光明平等照燭，如來藏即成一大我；由入胎至成佛，光明照燭世間，是即清淨。

質疑常、樂、我、淨的人，說違反釋尊所說的無常、苦、無我、不淨，那是將常、樂、我、淨看成是如來藏的自性，而且還將如來藏置於識境來看其自性，若知此四者實乃如來藏之功德，亦即智識雙運界的功能，這質疑便不能成立。

【藏文】 rdo rje'i blo gros rigs kyi bu 'am / rigs kyi bu mo las kyi sgrib pas bsgribs pa gang dag de bzhin gshegs pa'i snying po'i chos kyi rnam grangs 'di nyan tam / lung nod dam / kha ton du byed dam / ston kyang rung chos kyi rnam grangs 'di nyan pa dang / lung nod pa dang / kha ton byed pa dang / rab tu 'chad pa dang / yi ger 'dri ba de dag la tshegs chung ngus chos de dag kyang mngon sum du 'gyur / las kyi sgrib pa de yang byang bar 'gyur ro // de nas bcom ldan 'das la tshe dang ldan pa kun dga' bos 'di skad ces gsol to // bcom ldan 'das rigs kyi bu 'am / rigs kyi bu mo gang las kyi sgrib pas bsgribs par mi 'gyur zhing / chos kyi rnam grangs 'di la brtson par bgyid pa de dag sangs rgyas bcom ldan 'das ji snyed cig las mang du thos pas chos bstan pa'i slad du nges par 'byung bar 'gyur lags / bcom ldan 'das kyis bka' stsal pa / kun dga' bo rigs kyi bu 'am / rigs kyi bu mo gang dag sangs rgyas brgya'i chos bstan pa kun tu bzung ba'i phyir nges par 'byung ba dag kyang yod do //

【新譯】 金剛慧，善男子善女人受業障縛纏，若得聞此如來藏經、授持、讀誦、為他開演，由聞此經、受持、讀誦、開演，以及書寫〔之功德〕，彼當得法現前，次第業障清淨。

爾時，具壽慶喜（阿難陀 Ānada）問佛言：世尊，若善男子、善女人，未受業障縛纏，須得幾佛世尊說法，以多聞故，始能與此經相應？

世尊答言：慶喜，善男子、善女人，於百佛所得說法之加持；於無數佛所得說法之加持。

【藏文】 kun dga' bo rigs kyi bu 'am / rigs kyi bu mo gang dag sangs
rgyas nyis brgya dang / sum brgya dang / bzhi brgya dang /
lnga brgya dang / stong dang / nyis stong dang / sum stong
dang / bzhi stong dang / lnga stong dang / drug stong dang /
bdun stong dang / brgyad stong dang / dgu stong dang / khri
dang / sangs rgyas 'bum nas / sangs rgyas bye ba khrag khrig
'bum gyi bar dag gi chos bstan pa kun tu bzung ba'i phyir
nges par 'byung bar 'gyur ba dag kyang yod do // kun dga'
bo byang chub sems dpa' gang chos kyi rnam grangs 'di
'chang ba dang / klog pa dang / gzhan dag la yang rgya cher
yang dag par rab tu ston pa dang / glegs bam du byas te /
'chang ba des 'di snyam du bdag gis deng nyid bla na med
pa yang dag par rdzogs pa'i byang chub thob bo snyam du
sems bskyed par bya ste / de ni ji ltar da ltar nga bzhin du lha
dang / mi dang / lha ma yin du bcas pa'i 'jig rten gyis phyag
bya ba'i 'os dang / mchod pa'i 'os yin no //

【新譯】　阿難，彼善男子、善女人，於二百佛、三百佛、四百佛、五百佛、一千佛、二千佛、三千佛、或四五六七八九千佛、十千佛、或至百千佛、甚至無數佛說法得聞持。

慶喜，若有菩薩得此經典，能背誦且無缺教授他人，復能護持寫成經卷，則彼菩薩應思念言：我今已獲得無上正等覺。彼應受天、人、阿修羅尊敬供養，如我今日。

【藏文】 de nas de'i tshe bcom ldan 'das kyis tshigs su bcad pa 'di
dag bka' stsal to //

> byang chub sems dpa' mdo sde 'di thos nas //
> bdag gis byang chub dam pa thob par bsam //
> gang gi lag na mdo sde 'di yod pa //
> de ni nga ltar 'jig rten phyag bya'i 'os //
>
> de ni 'jig rten mgon po rnam par 'dren //
> khrid byed rnam par khrid byed bsngags pa'i 'os //
> gang gi lag na mdo sde 'di yod pa //
> de ni de ltar chos kyi rgyal zhes bya //
>
> gang gi lag na mdo sde 'di yod pa //
> mi yi khyu mchog chos kyi sgron ma 'dzin //
> de ni zla nya lta bur blta ba'i 'os //
> 'jig rten mgon po lta bur phyag bya'i gnas //

bcom ldan 'das kyis de skad ces bka' stsal nas / byang chub
sems dpa' rdo rje'i blo gros dang / thams cad dang ldan pa'i
byang chub sems dpa'i tshogs de dang / nyan thos chen po
de dag dang / 'khor bzhi po dang / lha dang / mi dang / lha
ma yin dang / dri zar bcas pa'i 'jig rten yi rangs te / bcom
ldan 'das kyis gsungs pa la mngon par bstod do // 'phags pa
de bzhin gshegs pa'i snying po zhes bya ba theg pa chen
po'i mdo rdzogs so // //

【新譯】　爾時世尊以偈頌言 ——

<blockquote>
菩薩得聞此經已　　思維當成勝菩提
彼得受持此經故　　受人天禮一如我

世間依怙能調伏　　得善導師大名稱
以彼受持此經故　　可以稱名法中王

受持此經利有情　　即可視為人中尊
持法炬光如滿月　　是世依怙應受禮
</blockquote>

世尊如是説已，金剛慧菩薩〔摩訶薩〕及諸菩薩摩訶薩、大聲聞眾、四眷屬眾、以及世間天、人、阿修羅、乾闥婆等，聞佛所，歡喜奉行。

【新疏】　疏上來三段新譯。

阿難問佛，唐譯是：受業障縛纏的有情如何與此經相應，藏譯則是：未受業障縛纏的有情如何與此經相應。依如來藏義理，應以藏譯為合。因為受業障縛纏時，對如來密意即難理解，因此不信。他們不理解，甚至諸多質疑，主要是唯依言説，不肯探討言外的密意，這樣，便依自己對言説的理解來作質疑。既不能信，便不能説得多少佛加持，然後才與本經相應，因為他們既已不信，便實無法相應。不信一加一等於二，有甚麼可能相信算術？

附

錄

《寶性論》的如來藏九喻

　　彌勒菩薩造的《寶性論》，於說第四金剛句如來藏時，全引《如來藏經》中的如來藏九喻，於此無著論師並作釋論，今依拙譯（《寶性論梵本新譯》，台北：全佛文化，2006）引錄如下，頌文數碼為譯者所加——

【釋論】　95　　上來以十義　　解說如來藏
　　　　　　　　　　藏受煩惱覆　　由下諸喻知[1]

　　上來說盡未來際恆不變異法性存在（saṃvidyamānatā），已由十種義說如來藏性相，今復說，雖無始以來〔如來藏〕與煩惱殼共存，而其本性實不相應[2]；而無始以來〔如來藏〕則與清淨法（śubha-dharma）共存，與其本性相應而不可分，此由依經[3]九種喻可了知如來藏為無量無邊煩惱所纏。[4]偈言——

---

[1]　拙前譯此偈「向說如來藏，示以十種義，今說煩惱纏，如下種種喻」，此實沿用漢譯「向如來藏　十種義示現　次說煩惱纏　以九種譬喻」。今依梵直譯，明「煩惱纏」者，即如來藏受客塵煩惱所覆障。

[2]　asaṃbhaddha，不相結合。前人譯為「不相應」（如《瑜伽師地論》），今從之。

[3]　指《如來藏經》及《不增不減經》。前者有四漢譯。初譯為西晉法炬，已佚，由是可知本經結集甚早，亦即證明於大乘傳播初期即有如來藏思想。今傳東晉佛陀跋陀羅譯，一卷；唐不空金剛譯，一卷。均收《大正藏》第十六冊。

[4]　前將此段釋論依藏譯意譯為：「上來為明實相恆常，已說如來藏十義，今則說其無始以來煩惱藏不染性。如來藏為一切有情所具，唯依然清淨，此如《如來藏經》所言，如來藏為無量煩惱藏所纏，以九喻喻之」，為高崎先生所不滿，今錄出以備參考。

96	萎華中佛蜂腹蜜	皮殼中實糞中金
	地中寶藏種中芽	破朽衣中勝者像
97	貧醜女懷輪王胎	泥模之中藏寶像
	住於有情〔如來〕性	客塵煩惱垢覆障
98	垢如萎蓮復如蜂	如殼如糞如土地
	如種如朽故敗衣	如貧女如火燒地⁵
	最勝性則如佛陀	如蜜如實如黃金
	如寶藏榕樹寶像	如輪王如淨寶像

【釋論】⁶諸煩惱如枯萎蓮華瓣，如來性則如〔蓮華中〕佛。
〔偈言〕——

99	譬如萎敗蓮華中	佛具千種光輝相
	無垢天眼始得見	於敗蓮中出彼〔佛〕
100	是故善逝具佛眼	地獄亦見其法性
	盡未來際大悲憫	解脫有情於此障
101	萎蓮之中見善逝	具天眼者綻花開
	佛見世間如來藏	貪瞋諸障以悲離

【釋論】諸煩惱如蜂，如來性則如蜜。偈言——

102	譬如蜜釀蜂群內	為具智者所發現
	欲以善巧方便法	散諸蜂群而取蜜

---

⁵　梵文原頌謂喻如苦火所曾燒之大地。

⁶　以下至 126 頌漢譯缺。

103 世尊一切種智眼　　見此性猶如蜂蜜
　　畢竟成就於此性　　不與如蜂障相應[7]

104 欲得千萬蜂繞蜜　　求者驅蜂取蜜用
　　煩惱如蜂蜜如智[8]　佛如善巧除滅者

【釋論】諸煩惱如果之外殼，如來性則如殼中實。偈言——

105 果實為殼掩　　無人能得食
　　凡欲食其實　　先須去皮殼

106 有情如來藏[9]　　為煩惱所雜
　　不離煩惱染　　三界不成佛

107 米麥未去殼　　食之無滋味
　　法王住煩惱　　有情無法味[10]

【釋論】諸煩惱藏如糞穢，如來性則如金。偈言——

108 旅客失黃金　　遺於糞穢中
　　黃金性不改　　千百年如是

109 天人具天眼　　見而告人曰
　　此中有寶金　　待還清淨相

---

[7] 藏譯作「世尊一切種智眼，見種姓界譬如蜜，使離如蜂根本障，由是取得蜂腹蜜」。

[8] 原頌謂「煩惱如蜜蜂而蜜則若有情之無垢智」。

[9] 梵本原作 jinatvam 勝者性，即指如來藏，今直譯以令頌義明顯。

[10] 此頌意譯。依梵本直譯，則為——「如米麥粒之外殼，不能令人生滋味，住有情中之法王（dharmśvara），除煩惱殼見其相。由煩惱生饑渴眾，不可得嚐法樂味。」

110 　如佛見有情　　煩惱如糞穢
　　　為除煩惱染　　降法雨除垢

111 　如天人見金　　示人還彼淨
　　　佛見佛寶藏　　示人以淨法

【釋論】諸煩惱如地深處，如來性則如寶藏。偈言 ——

112 　譬如貧家地深處　　具有被掩無盡藏
　　　貧人對此無所知　　寶藏不能命彼掘[11]

113 　此如心中無垢藏　　無窮盡且不思議
　　　有情對此無所知　　由是常受種種苦

114 　貧者不知具寶藏　　寶藏不能告其在
　　　有情心具法寶藏　　聖者方便令出世

【釋論】諸煩惱如果殼，如來性則如種芽。偈言 ——

115 　譬如菴摩羅果等　　其種恆具發芽力
　　　若予土壤及水等　　即能漸長成為樹

116 　如是清淨法本性　　有情無明如種核
　　　若以功德作諸緣　　即能漸成勝利王

117 　水土陽光時空等　　種芽具緣發成樹
　　　有情煩惱殼所掩　　佛芽緣具成法樹[12]

---

[11] 此句意譯。梵云：「寶藏不能告知：我在此」。漢譯「實又不能言」。

[12] dharma-viṭapa，漢改譯為「佛大法王」。viṭapa 為灌木，若依漢文例，則可譯為「法樹」，不必拘其為喬木抑灌木。

【釋論】諸煩惱如破朽敗衣，如來性則如聖者像。偈言 ——

118　譬如寶石造佛像　　　為破臭衣所遮蓋
　　　天眼見此在路旁　　　乃為旅人作指引

119　無障礙眼見佛身[13]　　縱使畜生亦具足[14]
　　　種種煩惱垢掩蓋　　　故施方便解脫彼

120　路旁寶像朽衣掩　　　天眼見已示凡夫
　　　輪迴道上煩惱掩　　　佛說法令性顯露[15]

【釋論】諸煩惱如懷孕〔貧醜〕女，如來性則如四大中轉輪王[16]。偈言 ——

121　譬如貧醜無助婦　　　無依唯住孤獨舍[17]
　　　腹中雖懷王者胎　　　不知輪王在腹內

122　輪迴如住孤獨舍　　　不淨有情如孕婦
　　　無垢性雖堪作護　　　卻似輪王處腹內

123　臭衣醜婦住孤獨　　　輪王在胎亦大苦
　　　有情煩惱住苦舍　　　雖有依護仍無助

【釋論】諸煩惱如鑄像泥模，如來性則如模中黃金像。偈言
——

13　ātmabhāva 我身，亦可引伸為自性，由是藏譯即譯為 dngos-pa（性）。

14　漢譯將畜生改為「阿鼻獄」（avīci），示更下道有情亦具此佛身。

15　「性」指佛性，亦即上來所說之「身」，即如來藏。

16　kalala-mahābhūtagata，漢譯為「歌羅邏四大中」，此蓋指處胎之五位，如迦羅邏，歌羅邏等。

17　anātha-āvastha，高崎譯為「孤獨舍」，甚佳，優於漢譯「貧窮舍」，今從之。

124	如人熔金鑄金像	金注於內泥覆外
	當其量金已冷時	去外覆泥令金淨
125	得證最勝菩提者	常見有情心本性
	光輝而受客塵染	除障即如開寶藏
126	閃光金像受泥掩	待冷善巧除其泥
	一切智知心寂靜	說如椎法除其障

【釋論】上來諸喻，可略說如下。偈言[18]——

127	蓮中蜂腹及殼內	糞穢所蓋及土地
	種子之內朽衣裏	胎中以及泥土裡
128	如佛如蜜如果實	如金如寶復如樹
	如寶像如轉輪王	又如純金所鑄像
129	有情所具之心性	無始以來即無垢
	雖在煩惱藏當中[19]	不相結合如喻說

要言之，上來九喻，出《如來藏經》。明無始以來一切有情界所具客塵雜染心，實與無始以來所具清淨心相俱，由是具不離異性。[20]是故經言——

　　依自虛妄染心眾生染；依自性清淨心眾生淨。

---

[18]　漢譯此處編次岐異。

[19]　kleśakośa 煩惱藏，漢譯為「煩惱纏」。此頌略採意譯，依梵本直譯為長行，則為：「無始以來，處於煩惱藏中而不與之相結合者，即有情無始來時之無垢心性，如喻所說。」

[20]　清淨心，漢譯作「淨妙法身如來藏」。

明九喻所喻

今者，云何心雜染？其以萎蓮等九種譬喻所說，為何者耶？

【釋論】 130　貪瞋癡煩惱　　增上及習氣
　　　　　　　　見修道所斷　　不淨及淨地

　　　　131　煩惱具九相　　喻如萎蓮等
　　　　　　　　然而雜染藏　　萬千差別相

要言之，九種煩惱顯現為客〔塵〕相，唯如來性本來清淨，故如萎蓮中覆有佛像及餘喻等。然則，云何九種？

1・貪隨眠性相煩惱[21]（rāgānuśayalakṣana-kleśa）

2・瞋隨眠性相〔煩惱〕（dveṣānuśayalakṣana[-kleśa]）

3・癡隨眠性相〔煩惱〕（mohānuśayalakṣana[-kleśa]）

4・貪瞋癡隨眠增上相〔煩惱〕
　　（tivrarāgadveṣamohaparyavasthānalakṣana[-kleśa]）

5・無明住地所攝〔煩惱〕[22]
　　（avidyāvāsabhūmisaṃgṛhīta[-kleśa]）

6・見〔道〕所斷〔煩惱〕（darśanaprahātavya[-kleśa]）

7・修〔道〕所斷〔煩惱〕（bhāvanprahātvya[-kleśa]）

---

[21]　隨眠（anuśaya）。說一切有部認為隨眠即煩惱之異名。瑜伽行派不認可此說，以隨眠為煩惱之習氣，煩惱種子眠伏於阿賴耶識。本論所用為瑜伽行派的觀點。

[22]　無明住地，即「習氣」。

8・不淨地所攝〔煩惱〕[23]（aśnddhabhūmigata[-kleśa]）

9・淨地所攝〔煩惱〕（śuddhabhūmigata[-kleśa]）

世間離貪〔等有情〕，仍於身中有諸煩惱，能作成熟不動行（āni–jyasaṃskāra）[24]之因，成就（nirvartaka）色〔界〕無色，而彼能為出世間智所斷，是為貪瞋癡隨眠性。

有情染溺貪〔瞋癡〕，身中所攝〔諸煩惱〕，能作福非福行之因，成就欲界〔果報〕，而彼能為不淨（aśubha）觀等所斷〔觀〕行之智，是為貪瞋癡隨眠增上性相。

阿羅漢身中〔所攝煩惱〕，能作生起無漏諸業之因，成就無垢意生身〔果報〕，而能為如來覺智所斷，是為無明住地所攝〔煩惱〕。

有兩種學人，一者凡夫、二者聖者。凡夫學人身中所攝〔煩惱〕，初出世間見智能斷，是名見道所斷〔煩惱〕；聖者學人身中所攝〔煩惱〕，依出世間見修習智能斷，是名修道所斷〔煩惱〕。

未究竟菩薩身中仍具〔煩惱〕。〔前〕七智地〔所修之〕對治法，即〔為其所攝〕煩惱，唯由八地起之後三地修道智能斷，是名不淨地所攝〔煩惱〕。由八地起之後三地修習智對治〔之煩惱〕，唯金剛喻定能斷，是名淨地所攝〔煩惱〕。偈言——

23　淨地，指菩薩八至十地；不淨地，指菩薩一至七地。

24　āniñjyasaṃskāra，漢譯「不動地」，指二乘於三摩地中，不為貪等所動之定境。

132　略說煩惱纏　　有貪等九種
　　　喻如萎蓮辦　　九喻作相對

詳言之，如來藏受煩惱所覆，實無量無邊，廣說則為八萬四千種，一如如來智無量無邊。此如經言「如來藏為千百億無邊際煩惱纏所覆障」。偈言——

133　凡夫四種垢　　阿羅漢唯一
　　　道上染兩種　　菩薩亦二垢[25]

世尊言，一切有情皆具如來藏。所言有情，約為四種：凡夫、阿羅漢、〔道上〕學人、菩薩。其所具煩惱垢於無漏界中，順次為四種、一種、二種及二種。

復次，云何說貪等九種煩惱與萎蓮等九喻相似；云何說如來性與佛像等九喻相似？偈言——

134　譬如泥中蓮　　初開人貪悅
　　　花萎人不喜　　貪愛亦如是

135　譬如釀蜜蜂　　受擾即刺人
　　　恰如瞋起時　　令心生諸苦

136　譬如穀實等　　外為皮殼裹
　　　恰如內實性[26]　為無明所蔽

---

[25] 此用意譯，依梵本直譯，則為——「不淨之凡夫　羅漢及學人　菩薩等次第　四一二二垢」。

[26] sārārta，最堅實，漢譯為「內堅實」。此處譯為「內實性」，以顯如來藏境界，以其為內自證智境界故。

137　譬如厭不淨　　智觀貪亦爾
　　　增上諸煩惱　　纏縛厭如穢[27]

138　譬如無知故　　不見地中寶
　　　不知自覺性　　埋沒無明土

139　譬如芽漸長　　突離種子殼
　　　見道斷〔煩惱〕而見於真實

140　隨逐聖道上　　雖已斷身見
　　　修道智斷者　　喻為破敗衣

141　前七地諸垢　　如藏之污垢
　　　唯無分別智　　長養藏離覆

142　後三地諸垢　　知彼如泥模
　　　以金剛喻定　　聖者能除垢

143　貪等九種垢　　喻如萎蓮等
　　　如來藏三性　　喻之如佛等

如來藏以三種自性為心清淨因（cittavyavadānahetu），與佛像等九喻相似。然則，云〔何為三種自性〕？偈言 ——

144　法身及真如　　及種性自性
　　　以三喻一喻　　及五喻作喻

---

[27]　「智觀貪亦爾」句，依漢譯。此為意譯，梵作 evam kāmā virāgiṇam，直譯則為「貪欲可厭亦如是」。然而 virāgin 可譯為「離貪欲」，故漢譯即將之意譯為「智」，此譯甚合論義，故從之。又 kāmarevānimittatvāt，漢譯為「起欲心諸相」，「起」為生起、轉起，今意譯為「增上」，以其非為生起因。

　　初三喻，喻之如佛像、如蜜、如實等，所喻〔如來〕性為法身自性（dharmakāya-svabhāva）；次一喻，喻之如金，所喻為真如自性（tathatā-svabhāva）；後五喻，喻之為寶藏、樹、寶像、轉輪聖王及金像等，所喻為〔佛〕種性自性（gotra-svabhāva），即為三身佛出生之源。

　　云何法身自性？偈言——

145　法身有二種　　法界無垢性
　　　及彼性等流　　所說深淺法[28]

　　法身示現有二種。〔一者〕極清淨法界（suviśuddha dharmadhatū），為無分別智境界（gocara-viṣaya），此即諸如來內自證法（pratyātmādhigama-dharma）[29]。〔二者〕為成就之因，諸佛依有情根器說與彼相應之法，是為極清淨法界等流（suviśuddha dharmadhatū-niṣyanda），此為佛所說法。

　　佛所說法有二。一者細，一者粗，如是以說二諦。細者，為甚深菩薩法藏，示勝義諦。粗者，以契經、應頌、記別、偈頌、自說、因緣等廣說，示世俗諦。偈言——

146　〔法身〕出世間　世法難譬喻
　　　故說相似喻　　喻為佛色身

---

[28]　世親《佛性論》有詮釋上來所說（大正・卅一，頁808上）。如云「因三種自性為顯心清淨界，名如來藏。故說九種如蓮花等喻。三種自性者，一者法身、二如如、三佛性」（此中「佛性」即「佛種性」）。又云「諸佛法身有二種。一正得法身、二正說法身」，此即本頌所言之二種法身。又云「言正得法身者，最清淨法界，是無分別智境界諸佛當體，是自所得法；二正說法身者，為得此法身清淨法界正流（即「等流」niṣyanda）從如所化眾生識生，名為正說法身。」故知前者為智境，後者等流顯現為識境。

[29]　此句依藏譯，梵本無此句，漢譯連上句，譯為「故如是諸佛如來法身，為自內身法界能證應知。」亦與藏譯不同，疑所據梵本有異。

147　所說深細法　　如蜂蜜一味
　　　廣說種種法　　種種殼藏實

上來三喻，佛像、蜜、實等，明如來法身周遍一切有情，無有例外，故說一切有情皆具如來藏（tathāgatasye eme garbhāḥ sarvasattvāḥ）。於有情界中，實無一有情在如來法身外。故喻法身如虛空界，含容一切色法。如〔《經莊嚴論》中〕偈〔於《如來莊嚴智慧光明入一切佛境界經》〕言[30]——

　　虛空無不容　是永恆周遍　色法滿虛空　若有情周遍

偈言——

148　本性無變易　　善妙復清淨
　　　是故說真如　　喻之如真金

心之本性雖為無數煩惱及苦法所纏，依舊清淨光明，故不能謂其有所變異，以此之故，名之為真如，謂其不變義如善妙之金。故說一切有情皆具如來藏，雖邪見聚有情亦具，本無差別，若一切客塵諸垢清淨，即名如來。是故以金佛喻，以明如如無差別之義，由是如來藏〔即〕真如，為一切有情所具。以心本來清淨無二故，佛〔於《如來莊嚴智慧光明入一切佛境界經》〕言——

　　文殊師利，如來如實知見自身根本清淨智，以依自身根本智故，知有情有清淨身。文殊師利，所謂如來自性清淨身，乃至一切有情自性清淨身，此二法

---

[30]　漢譯此處作三頌。

者,無二無差別。

經偈復言——

　　一切無別故　得如清淨故　故說諸眾生　名為如來藏

偈言——

149　如藏如種芽　種姓有二相
　　　本性住種性　習所成種性

150　依此二種姓　生出三身佛
　　　初者第一身　次者為餘二[31]

151　清淨自性身　知彼如寶像
　　　自然離造作　功德藏所依[32]

152　報身如輪王　證大法王位
　　　化身如金像　本性為影像

　　上來餘五種譬喻,即寶藏、〔芽所生〕樹、寶像、轉輪王、金像等,謂能生三種佛身之種姓,故謂如來性(tathāgatadhātu)即為一切有情之藏(garbha)。故佛示現三身,而如來性則為證得三身之因。故「性」(dhātū)者,實為「因」(hetu)義。如經言[33]——

---

[31] 第一身指法身,餘二,即兩種色身——受用身(報身)及化身。

[32] āśraya,依止處(藏),漢譯為「攝功德實體」,以此梵字亦可解為「身體」故。因知「實體」非謂法身法有實體。今人或引此偈,說如來藏執實法身,乃依文解義。今改譯為「藏」,以免混淆。

[33] 所據為《阿毘達磨大乘經》(Mahāyānābhidharma-sūtra)。本經梵、漢、藏本皆佚,唯散見於論典所引。如《攝大乘論》世親釋論,即多處引用。此如下引偈即是(大正・卅一,156頁下)。

一切有情皆具如來藏，如胎處於身中，以其性能成就故，而有情卻不自知。

經偈復言——

此界無始時　一切法依止　若有諸道有　及有得涅槃

云何「無始時」（anādikālika）？此謂如來藏本際不可得故[34]。

云何為「性」（＝「界」，dhātu）[35]？如〔《勝鬘經》〕言——

世尊，如來藏者是法界藏、法身藏、出世間上上藏、自性清淨藏。

云何「一切法依止」（sarvadharmasamāśrayaḥ）？如〔《勝鬘經》〕言——

世尊，是故如來藏，是依是持是建立，世尊，不離、不斷、不脫、不異不思議佛法。世尊，斷脫異外有為法依持建立者，是如來藏[36]。

云何「若有諸道有」？如〔《勝鬘經》〕言——

世尊，生死者依如來藏。
世尊，有如來藏故說生死、是名善說。

云何「及有得涅槃」？如〔《勝鬘經》〕言——

世尊，若無如來藏者，不得厭苦樂，求涅槃。

---

[34] 此語見《勝鬘經》「自性清淨章」（大正・十二）。

[35] 此處引玄奘譯，將「性」譯為「界」。

[36] 本段譯義稍混。原義猶云：一切無為法及有為法，皆由如來藏作依持建立。蓋如來藏實為一心識境界，一切法皆依止此心識，故即依止如來藏。

諸經如來藏喻

　　佛於二轉、三轉法輪諸經，多說如來藏喻，今引錄如下，俾讀者知非為正說如來藏諸經，始有如來藏喻，由是即知，說如來藏實由種種法異門而說。若誹撥如來藏，則《法華》、《涅槃》等經皆可廢。

甲、《法華經・五百弟子受記品》

　　世尊。譬如有人至親友家，醉酒而臥。是時親友官事當行，以無價寶珠繫其衣裏，與之而去。其人醉臥，都不覺知。起已遊行，到於他國。為衣食故，勤力求索，甚大艱難。若少有所得，便以為足。於後親友會遇見之，而作是言：「咄哉，丈夫。何為衣食乃至如是。我昔欲令汝得安樂、五欲自恣，於某年日月，以無價寶珠繫汝衣裏。今故現在，而汝不知，勤苦憂惱，以求自活，甚為癡也。汝今可以此寶貿易所須，常可如意，無所乏短。」

　　佛亦如是，為菩薩時，教化我等，令發一切智心。而尋廢忘，不知不覺。既得阿羅漢道，自謂滅度，資生艱難，得少為足。一切智願，猶在不失。今者世尊覺悟我等，作如是言：「諸比丘！汝等所得，非究竟滅。我久令汝等種佛善根，以方便故，示涅槃相，而汝謂為實得滅度。」

　　世尊！我今乃知實是菩薩，得受阿耨多羅三藐三菩提記。以是因緣，甚大歡喜，得未曾有。

按：

此即「衣珠喻」。大價寶珠即喻佛性，人藏寶珠衣內而不自知，喻人具佛性而不自知。是即如來藏喻。

小乘行人唯得解脫身，實未涅槃，此亦同衣裏寶珠而不自知，得解脫身便自以為究竟。故經言「汝等所得，非究竟滅」。此亦言小乘行人不識如來藏。

乙、《大般涅槃經‧如來性品》

一‧貧女藏金喻

佛言：善男子，我者即是如來藏義。一切眾生悉有佛性，即是我義。如是我義，從本已來常為無量煩惱所覆，是故眾生不能得見。善男子，如貧女人舍內多有真金之藏，家人大小無有知者。時有異人，善知方便，語貧女人，我今雇汝，汝可為我芸除草穢。女即答言：我不能也。汝若能示我子金藏，然後乃當速為汝作。是人復言：我知方便能示汝子。女人答言：我家大小尚自不知，況汝能知。是人復言：我今審能。女人答言：我亦欲見，并可示我。是人即於其家掘出真金之藏。女人見已，心生歡喜。生奇特想，宗仰是人。善男子，眾生佛性亦復如是，一切眾生不能得見，如彼寶藏貧人不知。善男子。我今普示一切眾生所有佛性，為諸煩惱之所覆蔽，如彼貧人有真金藏不能得見。如來今日普示眾生諸覺寶藏，所謂佛性。而諸眾生見是事已，心生歡喜歸仰如來。善方便者即是如來。貧女人者即是一切無量眾生。真金藏者即佛性也。

按：
貧女寶藏喻，即如來藏九喻中之第五喻。

二‧額珠喻

佛告迦葉：善男子，譬如王家有大力士，其人眉間有金
剛珠，與餘力士較力相撲，而彼力士以頭抵觸其額上，珠尋沒
膚中，都不自知是珠所在，其處有瘡，即命良醫欲自療治。時
有明醫善知方藥，即知是瘡因珠入體，是珠入皮即便停住。是
時良醫尋問力士，卿額上珠為何所在。力士驚答：大師醫王，
我額上珠乃無去耶。是珠今者為何所在，將非幻化。憂愁啼
哭。是時良醫慰喻力士：汝今不應生大愁苦。汝因鬥時寶珠入
體，今在皮裏，影現於外。汝曹鬥時瞋恚毒盛，珠陷入體故不
自知。是時力士不信醫言，若在皮裏，膿血不淨，何緣不出。
若在筋裏，不應可見。汝今云何欺誑於我。時醫執鏡以照其
面，珠在鏡中明了顯現。力士見已，心懷驚怪，生奇特想。

善男子，一切眾生亦復如是。不能親近善知識故，雖有
佛性皆不能見，而為貪婬瞋恚愚癡之所覆蔽故。墮地獄、畜
生、餓鬼、阿修羅、旃陀羅、剎利、婆羅門、毘舍首陀，生如
是等種種家中。因心所起種種業緣，雖受人身、聾盲、瘖瘂、
拘躄、癃跛，於二十五有受諸果報。貪婬瞋恚愚癡覆心不知佛
性，如彼力士寶珠在體，謂呼失去。眾生亦爾，不知親近善知
識故，不識如來微密寶藏，修學無我。喻如非聖，雖說有我亦
復不知我之真性，我諸弟子亦復如是，不知親近善知識故，修
學無我亦復不知無我之處。尚自不知無我真性，況復能知有我
真性。

善男子，如來如是說諸眾生皆有佛性，喻如良醫示彼力
士金剛寶珠，是諸眾生為諸無量億煩惱等之所覆蔽，不識佛
性，若盡煩惱，爾時乃得證知了了，如彼力士於明鏡中見其寶
珠。善男子，如來祕藏如是無量不可思議。

按：

此即「額珠喻」，喻由瞋恚生起諸煩惱，人之阿賴耶識以瞋恚為性，由於瞋恚，始有污染意生起，於是執自身之顯現為「我」見。人不見佛性而見自我，即如力士額中藏珠亦不自知。

丙、《入楞伽經・集三萬六千一切法品》
（依拙譯《入楞伽經梵本新譯》）

大慧，此如陶師用泥聚造種種器，以人工善巧，用木桿、水、繩等而作。大慧，如來於說遠離分別、諸法無我時，亦由其殊勝智注成種種善巧方便，故有時說如來藏、有時說無我，此如陶師（造種種器），用種種名言、表義、異門而說。

按：

佛究竟見為如來藏，施設種種言說，即法異門，此用陶師造器喻，喻佛善巧方便施設名言、表義、異門。故學人不應據名言、表義、異門否定如來藏，若如是，即如不許陶師造器。

經言「故有時說如來藏、有時說無我」，此實以說無我為善巧方便，如來藏我即為究竟。何謂如來藏我？此即智境與識境雙運的境界。如來法身功德為智境，智境上有一切識境隨緣自顯現，故智境與識境恆時雙運，如是說為恆常，此雙運境即成如來藏我。佛顯示如來藏我，否定外道的梵我、神我，如是引導外道知何者為我，並不是因隨順外道而施設如來藏我。

略説「轉依」二義[1]

「轉依」是瑜伽行派的根本教法之一。瑜伽行諸論，實無一不涉及轉依之理，而以本論之説為最詳。[2]

復次，由凡夫成佛，是由生滅而離生滅、由落緣起而至離緣起。然則此二者之間，究竟如何過渡？此亦非説轉依不可。若非轉依，則唯有説：有一凡夫滅，有一佛生起，此即大違佛法。故説轉依，即説道上如何可以得果，此屬佛家的根本問題。

高崎直道於〈転依 —— *āśrayaparivṛtti* と *āśrayaparāvṛtti*〉一文中，[3]指出印度瑜伽行派的論典中，説「轉依」教法時，所用梵文其實有二詞：一為āśrayaparāvṛtti，一為āśrayaparivṛtti；而二者的區別，前者主要指以阿賴耶識（ālayavijñāna）為「所依」（āśraya）而生起染淨種子之轉變，後者則以真如（tathatā）為「所依」，於本具的如來藏（tathāgatagarbha）及

---

[1] 摘自《辨法法性論及釋論兩種》，談錫永與邵頌雄合撰之導論（台北：全佛文化，2009），頁50-63。

[2] Ronald M. Davidson 的博士論文 *Buddhist Systems of Transformation: Āśraya parivṛtti / parāvṛtti among the Yogācāra* (Berkeley: University of California, 1985)，專研究瑜伽行派的「轉依」學說。其中，Davidson提出，闡釋「轉依」之理最為深入的《辨法法性論》，對後代瑜伽行學人的影響，卻竟然微不足道，實在是印度佛教史上的一大諷刺。原文：One of the most interesting ironies in the intellectual history of Indian Buddhism is that the work most dedicated to the elucidation of the fundamental transformation has had the least impact on the subsequent conception of system manipulation. We are speaking of course of the Dharmadharmatāvibhāga. (p. 288)。此説可堪細味。這或即是《辨法法性論》於印度失傳已久的另一線索。

[3] 發表於《日本佛教學會年報》第二十五號 (1960): 89-110。其後結集於高崎直道《如來藏思想 II》（京都：法藏館，1989）。

如來性（tathāgatadhāta）顯露之時，即是由虛妄之「所依」根本轉變為真實如如之「所依」。換言之，所謂「轉依」者，即是「所依」（āśraya）之「轉變」（parāvrtti / parvirtti）。若論典中所說之「所依」指阿賴耶識時，其「轉變」即說為parāvrtti；若所說之「所依」為真如、如來藏、如來性等時，則說其「轉變」為parivrtti。對於高崎直道謂「轉依」具有二義的說法，Lambert Schmithauser 於其 *Der Nirvāṇa-Abachnitt in der Viniścaya-saṃgrahaṇī der Yogācārabhūmiḥ* 一書中，有專章反駁，認為就《瑜伽師地論・攝抉擇分》的梵本所見，並未有「轉依」二義之區分。[4] 然而，高崎直道細密的分析實不應輕率否定，因為於瑜伽行派的論典，確實可見兩種「轉依」義的闡述。茲從瑜伽論中把「轉依」二義略舉數例如下。

《成唯識論》依四者說「轉依」：一能轉道；二所轉依；三所轉捨；四所轉得。[5] 此四者若作境、行、果分別，應

---

[4]　見Lambert Schmithausen, *Die Nirvāṇa-Abschnitt in der Viniścaya-saṃ grahaṇī der Yogācārabhūmiḥ*. Ïsterreichische Adademie der Wissenschaften Philosophische-Historische Klasse Sitzungsberichte, 264, Band 2. Vienna: Hermann BĚhlaus, 1969: 92-94。

[5]　見《成唯識論》卷十，大正・三十一，no. 1585，頁54-55。原文如下：轉依義別略有四種：一能轉道，此復有二，一能伏道，謂伏二障隨眠勢力，令不引起二障現行，此通有漏無漏二道加行根本後得三智，隨其所應漸頓伏彼；二能斷道，謂能永斷二障隨眠，此道定非有漏加行，有漏曾習相執所引未泯相故，加行趣求所證所引成辦故，有義根本無分別智親證二空所顯真理，無境相故能斷隨眠，後得不然故非斷道，有義後得無分別智雖不親證二空真理，無力能斷迷理隨眠，而於安立非安立相，明了現前，無倒證故，亦能永斷迷事隨眠，故瑜伽說修道位中，有出世斷道世出世斷道，無純世間道能永害隨眠，是曾習故相執引故，由斯理趣諸見所斷及修所斷迷理隨眠，唯有根本無分別智親證理故能正斷彼，餘修所斷迷事隨眠根本後得俱能正斷。

二所轉依，此復有二，一持種依，謂本識，由此能持染淨法種與染淨法俱為所依，聖道轉令捨染得淨，餘依他起性雖亦是依而不能持種，故此不說；二迷悟依，謂真如，由此能作迷悟根本諸染淨法之得生，聖道轉令捨染得淨，餘雖亦作迷悟法依而非根本故此不說。

為 ——

境：所轉依、所轉捨

行：能轉道

果：所轉得

此中「所轉依」，《成唯識論》說有二種，即「持種依」及「迷悟依」；此中「所轉捨」，論亦說有二種，即「所斷捨」及「所棄捨」。今依論說，簡括如下 ——

所轉依 ——┬── 持種依：謂根本識
          │
          └── 迷悟依：謂真如

所轉捨 ——┬── 所斷捨：謂煩惱障與所知障種
          │
          └── 所棄捨：謂餘有漏、劣無漏種

此中「持種依」，論云：「持種依謂〔根〕本識，由此能持染淨法種，與染淨法俱為所依。」《成唯識論》依「唯識」義，

三所轉捨，此復有二，一所斷捨，謂二障種，真無間道現在前時，障治相違彼便斷滅永不成就，說之為捨，彼種斷故不復現行妄執我法，所執我法不對妄情，亦說為捨，由此名捨遍計所執；二所棄捨，謂餘有漏劣無漏種，金剛喻定現在前時引極圓明純淨本識，非彼依故皆永棄捨，彼種捨已現有漏法及劣無漏畢竟不生，既永不生亦說為捨，由此名捨生死劣法，有義所餘有漏法種及劣無漏金剛喻定現在前時，皆已棄捨，與二障種俱時捨故，有義爾時猶未捨彼，與無間道不相違故，菩薩應無生死法故，此位應無所熏識故，住無間道應名佛故，後解脫道應無用故，由此應知，餘有漏等解脫道起方棄捨之，第八淨識非彼依故。

四所轉得，此復有二，一所顯得，謂大涅槃，此雖本來自性清淨而由客障覆，令不顯真聖道生斷彼障故，令其相顯名得涅槃，此依真如離障施設故，體即是清淨法界。

故說「種子」（bīja）。但既依種子，則不得不依攝藏種子之阿賴耶識，說阿賴耶識為根本依。是故此即為「所轉」之所依（基礎），如是名為「所轉依」。由是可見，此建立唯據阿賴耶識及種子以說轉依，此即唯識學派之不共說法，亦即高崎直道所指 āśrayaparāvṛtti 的轉依義。

至於「迷悟依」，則為真如，以其為一切染淨法之所依。「染淨」即迷悟之根本，故稱為「迷悟依」。此如論云：「迷悟依謂真如。由此能作迷悟根本，諸染淨法依之得生，聖道轉令捨染得淨。」由是，此由「迷悟依」以說轉依，即說為對真如之迷悟。若迷，則依如而生死；若悟，則依如而涅槃。此義亦即《成唯識論》卷九所申之「唯識真如」義——

> 愚夫顛倒，迷此真如，故無始來受生死苦；聖者離倒悟此真如，便得涅槃畢究安樂。由數修習無分別智，斷本識中二障粗重故，能轉滅依如生死，及能轉證依如涅槃，此即真如離雜染性。如雖淨而相雜染，故離染時假設新淨，即此新淨說為轉依。[6]

此即有如《辨法法性論》之建立，由悟入「法性能相」（真如）以證得涅槃，若迷，此真如則成「法能相」，落於輪廻生死；復次，論中建立無分別智為「轉依」之所依，亦同上引《成唯識論》強調「數修無分別智」之意趣。至於《成》論說「〔真〕如雖淨而相雜染」，亦如《辨法法性論》之說「法與法性非一非異」——

> 此二既非一　亦復為非異
> 以有與及無　具有無差別

---

[6]　同上，頁51。

以其「非一」，始可說轉依，否則無有何可轉者；以其「非
異」，始有轉依之可能，否則便須從頭生起，亦不可說之為
「轉」。

於《辨中邊論‧辨無上乘品》有頌云 ——

> 知法界本性　清淨如虛空
> 故染淨非主　是於客無倒[7]

世親釋云 ——

> 先染後淨二差別相，是客非主。如實知見此客相
> 者，應知是名於客無倒。

此即云不應分別法界為染為淨，若分別即落邊見。法界本性如
虛空，染淨差別非其本性，只是「客相」。是故同論〈辨相
品〉乃有頌言 ——

> 非染非不染　非淨非不淨
> 心性本淨故　由客塵所染[8]

世親釋云 ——

> 云何非染非不染，以心性本淨故；云何非淨非不
> 淨，由客塵所染故。是名成立空差別義。

此釋即離淨染二邊，立「空差別」義。「心性本淨」是為非
染，以客塵為染故為非不染；客塵為非淨，心性則為非不淨。
是故必須建立客塵，然後始能遮遣心性染不染、淨不淨。如是

---

[7] 下來所引此論之根本論及釋論，依玄奘譯，見大正‧三十一，no. 1600。此
頌梵文：*dvayasyāgantukatvaṃ hi sa ca tatrā'viparyayaḥ / saṃkleśaśca viśuddhi
śca dharmapudgalayorna hi //*

[8] 此頌梵文：*na kliṣṭā nā'pi va'ākliṣṭā śuddhā'śuddhā na caiva sā /
prabhāsvaratvāccittasya kleśasyāgantukatvataḥ //*

建立，染淨雙邊皆遣，故說為勝義。

　　此以真如為本位、離淨染二邊而說之「轉依」，即高崎真道所說 āśrayaparivṛtti 之「轉依」義。

　　此「轉依」二義亦同樣見於《大乘經莊嚴論・菩提品》，於中有頌云——

　　　　二障種恆隨　　彼滅極廣斷
　　　　白法圓滿故　　依轉二道成[9]

無著釋云——

> 此偈顯示轉依有離有得。「二障種恆隨，彼滅極廣斷」者，此明所治遠離，謂煩惱障智障二種種子，無始已來恆時隨逐，令得永滅極者；一切地廣者，一切種此皆斷故。「白法圓滿故，依轉二道成」者，此明能治成就，謂佛體與最上圓滿白法相應，爾時依轉得二道成就：一得極清淨出世智道，二得無邊所識境界智道，是名轉依。

此中所說「轉依」，即 āśrayaparāvṛtti 義，依阿賴耶識所藏種子而說能治與所治二者，仍有所轉捨與所轉得之分別，亦即未離能所、取捨、染淨等分別而說「轉依」。

　　《大乘經莊嚴論》接有頌云——

9　下來所引此論之根本論及釋論，依波羅頗蜜多羅譯，見大正・三十一，no. 1604。此頌梵文：*kleśajñeyavṛtīnāṃ satatamanugataṃ bījamutkṛṣṭakālaṃ yasminnastaṃ prayātaṃ bhavati suvipulaiḥ sarvahāniprakāraiḥ / buddhatvaṃ śukladharmapravaraguṇayutā āśrayasyānyathāptistatprāptirnirvikalpādviṣ ayasumahato jñānamārgātsuśuddhāt //*

> 彼處如來住　不動如此王
> 尚悲樂滅人　況著諸有者[10]

無著釋云：

> 此偈顯示如來轉依，諸轉中勝。何以故？如來轉依
> 住無漏界處，如山王鎮地安住不動。如此轉已見於
> 聲聞緣覺樂寂滅人，尚生憐愍，何況遠邊下賤著有
> 苦惱眾生。

論頌復云 ——

> 他利乃無上　不轉及不生
> 廣大與無二　無住亦平等
> 殊勝與遍授　是說如來轉[11]

上來二頌說「如來轉依」（tathāgatānāṃ parivṛttiriṣyate）較前所
說之「轉依」為勝，以此為「如來住處」（sthitaśca tasmiusa
tathāgata），恆常不動如須彌山王，且具足大悲。此亦即謂
「如來轉依」所現證者，為「如來法身」（如來住處）及「如
來法身功德」（大悲）之雙運，具足「他利」、
「無上」等十種功德。無著釋論特別指出依此「如來轉依」
義，「生死涅槃無有二」、「有為無為俱不住」等。[12]此中所
說「轉依」，亦即 āśrayaparivṛtti 義，依本來清淨之真如為「所

---

[10]　此頌梵文：*sthitaśca tasminsa tathāgato jaganmahācalendrastha ivābhyudīkṣate / śamābhirāmaṃ karūṇāyate janamaghābhirāme 'nyajane tu kā katha //*

[11]　此頌梵文：*pravṛttirūddhittiravṛtirāśrayo nivṛttirāvṛttiratho dvayādvayā / samāviśiṣṭā api sarvagātmikā tathāgatānāṃ parivṛttiriṣyate //*

[12]　Āśrayaparāvṛtti 及 āśrayaparivṛtti 二詞，亦見於《大乘經莊嚴論》餘頌，於此不贅。讀者可參高崎直道上揭文，及越智淳仁〈瑜伽行唯識派の転依説：「大乘莊嚴經論」所說の転依説止と「大日經广釈」所說の転依説との關連〉，《密教學研究》Vol. 8 (1976)：22-40。

依」，而說「轉依」為本具如來藏的法爾顯露。

由是，āśrayaparāvṛtti 與 āśrayaparivṛtti，可視為兩個不同層次的「轉依」：前者方便，後者真實，而非如高崎真道所說，總結此二梵文用詞的區別，為不同的造論者與兩種不同的瑜伽行學說。[13] 對此二者，真諦於其《十八空論》中，解說為：「但唯識義有兩：一者方便，謂先觀唯有阿梨耶識，無餘境界，現得境智兩空，除妄識已盡，名為『方便唯識』也；二明『正觀唯識』，遣蕩生死虛妄識心，及以境界一皆淨盡，唯有阿摩羅清淨心也。」[14]

高崎所說的兩種瑜伽行學說，當然是指無著、世親、安慧、以至真諦的一系瑜伽行古學（或稱唯識古學），以及由陳那及護法發展，而經戒賢傳至玄奘一系的唯識學派（或稱唯識今學）。日本學者以其文獻學的基礎，以及對梵文、藏文與漢文的掌握，直接研讀新發現的梵本經論與漢藏諸譯，對於兩系瑜伽行的研究作出重大貢獻。其中，宇井伯壽對瑜伽行古學的研究，更是奠定往後研究兩系瑜伽行差別的重要基礎。宇井師事 Louis de la Vallūe Pousin，把西方學術的治學方法融入於瑜伽行派的專門研究。於其《攝大乘論研究》中，宇井即提出早期瑜伽行派所傳即是如來藏思想；由是，宇井乃確立真諦與玄奘之所傳，即分別代表瑜伽行古學與唯識學派的思想，而以真諦之所傳為「正統」。[15] 其後，日本的上田義文與漢土的歐陽竟無，亦分別從不同角度，剖析瑜伽行古學所重為三自性（法

---

[13]　見高崎直道（1989）：169-170。

[14]　大正・三十一，no. 1616：864。

[15]　參宇井伯壽《攝大乘論研究》（京都：岩波書店，1935）。

相），而唯識學派則以「唯識無境」為中心思想。

事實上，專說如來藏義理的《寶性論》，雖然依漢土相傳，說造論者為堅慧（Sāramati），而據西藏相傳，則說由彌勒菩薩造論、無著菩薩釋論。然而，不論是堅慧或是彌勒與無著，都是瑜伽行派的論師；堅慧且造有《大乘法界無差別論》（別名《如來藏論》），亦是發揚如來藏思想的論典。把如來藏學說摒於瑜伽行思想之外，無疑只是近年唯識學人的一偏之見。

然而，若過份強調瑜伽行古學與唯識學派的差別，卻易流於把此間的差異視為絕對，由是誤把二者看成兩個對立的學派。此或即高崎直道總結兩種「轉依」的梵文用語源自不同造論者與不同瑜伽行學派的原因。但實際上，瑜伽行古學的教授，其實亦包涵「唯識無境」的次第，因此不能把瑜伽行「古學」與「今學」的關係過度簡化，而 āśrayaparivṛtti 與 āśrayaparāvṛtti 二詞亦同樣不能絕對地區分為以「所依」為真如及以「所依」為阿賴耶識。

依此，我們可對高崎直道「轉依」二義之說略作修訂：若論義主要遷就凡夫的識境，由是建立「種子」學說，以解釋如何由執實二取名言轉依入「法性」境界的機理，所用為 āśrayaparāvṛtti 一詞，如《唯識三十頌》（*Taimśikakārikā*）[16]；若論義主要顯「究竟轉依」（niṣṭhāśrayaparivṛtti）義，亦即離功用法爾現前本來清淨的法性真如境界與本具的如來藏，則用 āśrayaparivṛtti 此詞，如《寶性論》所言——

---

[16] 此可見《唯識三十頌》第29頌：*acitto 'nupalambho 'sau jñānaṃ lokottaraṃ ca tat / āśrayasya parāvṛttir dvidhā dauṣṭhulya hānitaḥ //*

〔離垢真如之「自性」者，謂如來〕性，世尊名之
為如來藏，不離煩惱纏，以〔遠離煩惱纏而得〕清
淨，應知為轉依之自性，故名為「自性」。[17]

　　這與高崎真道的觀點不同之處，在於釐定 āśrayaparivṛtti 之
「轉依」義，包涵 āśrayaparāvṛtti 之「轉依」義，而於次第
上，前者高於後者：āśrayaparivṛtti 為圓成佛道的究竟轉依，若
只說 āśrayaparāvṛtti 則為證初地的現證；āśrayaparivṛtti 為次第離
作意、離分別以現前如來智境與如來智境功德雙運境界，其究
竟更無有輪廻與涅槃、法與法性等分別，而 āśrayaparāvṛtti 仍
於雜染與清淨的基礎上作取捨。

　　此復以《辨法法性論》為例。論的結頌以虛空、金、水
等三喻，說明轉依而證得之境界，非新得、亦非具變異，如世
親釋云——

　　　然此卻非不淨變為清淨，不淨僅為未得清淨之外
　　　緣。……同理，於轉依時，其自性光明亦非前所無
　　　有。確言之，其不顯現〔自性光明〕實由客塵淨垢
　　　顯現故，遂成不淨；如是而成非純，非澄。然由排
　　　除彼故，遂成顯現。但此實非有一法新生，以法性
　　　中變異性不生起故。因其〔變異性〕無有，法性及
　　　轉依遂說為常。

此「本性光淨，客塵所染」之理，即是如來藏的基本思想。是
故，《辨法法性論》一如《寶性論》，所用「轉依」之梵語，

---

[17] 下來所引此論之根本論及釋論，依談錫永譯，見《寶性論梵本新譯》（台
北：全書文化，2006）。此段梵文：tatra yo 'sau dhātur avinirmukta-kleś
a-kośas tathāgatagarbha ity ukto bhagavatā / tad-viśuddhir āśrayaparivṛtteḥ
svabhāvo veditavyaḥ。

為 āśrayaparivṛtti 而非 āśrayaparāvṛtti。然而,《辨法法性論》中其實已說兩重「轉依」義 ——

論中解釋「四種離相」,實配合「抉擇」(nirvedha)、「觸證」(sparśa)、「隨憶念」(anusmṛti)、「通達其體性」(tadātmakatvābhyupagamana)四種「法性悟入」而說,總攝「五道」中加行道(prayogamarga)、見道(darśanamārga)、修道(bhāvanāmārga)以至無學道(aśaikṣamārga)的修學,是為「究竟轉依」,此為 āśrayaparivṛtti 義之「轉依」;

論中說「四正加行」,由具二取與名言執實之心識,次第經「有得加行」、「無得加行」、「有得無得加行」、「無得有得加行」等修習,證入無有能所二取之境界,是為觸證法性,而此過程則為 āśrayaparāvṛtti 義之「轉依」。

此復可依本論論頌 55 至 58 所說,列簡表說明如下:

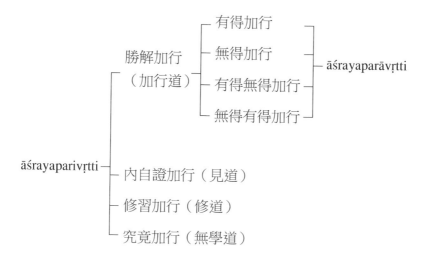

　　《辨法法性論》由頌55至58所說「勝解加行」
（ａｄｈｉｍｏｋṣａｐｒａｙｏｇａ）、「內自證加行」
（pratisaṃvedanaprayoga）、「修習加行」（bhāvanāprayoga）
及「究竟加行」（niṣṭhāgamanaprayoga）等「四加行」，以攝
論中所說之「四種離相」及由加行道過渡至無學道之「轉
依」。然此「四加行」卻又與「四正加行」息息相關，不但加
行道之觀修須依「四正加行」以圓成，始能證入見道位（是為
「觸證」位），即使於修道位由二地至七地之六「未淨地」、
及八地至十地之三「遍淨地」，其間修習亦是反覆修習「四正
加行」（是為「隨憶念」），此如不敗尊者釋本論云——

　　〔加行悟入者，〕謂由修習無分別智，精勤於加行
　　而悟入各各地道。此應由四者而知：

一、雖未現證法性義，然依〔聞思修〕三慧之勝解
　　而修習加行，悟入勝解行地，此即順抉擇位加
　　行道之分位；

二、依內自證加行而現證法性，非依總相（概
　　念），是為悟入初地，此即現量觸證真如之分
　　位；

三、反覆修習已現證之法性，〔次第〕悟入六未淨
　　地，即二至七地仍住有相之位；復次，悟入三
　　〔淨〕地，即八地等清淨行相。如是九地，為
　　隨憶念分位所證；

四、究竟加行者，為悟入無功用及任運之佛事業，
　　乃至如虛空界之有情未盡而無間斷。是故，此
　　加行為智體性位，斷除二障而通達法性之體

性。此為與法界無二之無變易本智。

上來所說，即是以四正加行法交替修習的原則來說明兩重「轉依」義，而二重轉依義實無可分割。此復如不敗尊者的釋論所言——

> 雖於初地已有轉依，然於究竟地始成就究竟轉依。

復次，論中復強調「究竟轉依」，實已圓證法報化三身境界，是為佛之行境，亦為 āśrayaparivṛtti 所表之轉依義；至於聲聞與緣覺雖亦具心之轉依，然不敗尊解釋云——

> 以三身而言，聲聞與緣覺亦能見具一切相智；化身，然此轉依為以阿賴耶〔為基〕之末那識，故僅具少分〔證悟〕。

此以阿賴耶為基之轉依，當然即是 āśrayaparāvṛtti 之意義。論中既以無分別智為究竟轉依之所依，復說以阿賴耶為所依之轉依為不究竟，是即本文對高崎直道有關「轉依」二義之修訂——此二義並非兩種不同的「轉依」學說，而是瑜伽行派的修學系統中兩個不同層次的現證。

其實所謂「轉依」，對道上行人而言，無非心境之改變而已。唯識學派立種子說，可說明其轉變之機理，然而即使不知機理，只須修道，心境依然轉變，故不立種子亦未嘗不可成轉依道。若建立種子，即須依種子而說轉依的實踐，故種子須立為「本有」與「新熏」，此詳《成唯識論》即可知。其實亦無須建立種子，如本論，說由十事「悟入轉依」，即未說種子，此即瑜伽行古學與唯識學派之差別。此如人入暗室，開燈即見光明，實不必研究燈何以能發光明，以至研究如何發電，然後始按燈掣。是故須知唯識學建立種子以明「轉依」的精

義，不在說明修道證果的機理，而在令行人於道上能自知心理狀態，次第自觀察、自證悟；瑜伽行古學中之法相精義，不在說明心境生滅轉變的機理，而在於令行人於蘊處界中能次第直觀蘊處界「實相」（gnas tshul，或說為「本性」rang bzhin），亦即本來清淨之法性與行者本具的如來藏。

離言叢書03

《如來藏經密意》

主　　編　談錫永
作　　者　談錫永
美術編輯　李　琨
封面設計　張育甄
出　　版　全佛文化事業有限公司
　　　　　訂購專線：(02)2913-2199
　　　　　傳真專線：(02)2913-3693
　　　　　發行專線：(02)2219-0898
　　　　　匯款帳號：3199717004240 合作金庫銀行大坪林分行
　　　　　戶　　名：全佛文化事業有限公司
　　　　　E-mail：buddhall@ms7.hinet.net
　　　　　http://www.buddhall.com
門　　市　新北市新店區民權路108-3號10樓
　　　　　門市專線：(02)2219-8189
行銷代理　紅螞蟻圖書有限公司
　　　　　台北市內湖區舊宗路二段121巷19號（紅螞蟻資訊大樓）
　　　　　電話：(02)2795-3656
　　　　　傳真：(02)2795-4100

初版一刷　2013年04月
初版二刷　2020年04月
定　　價　新台幣300元
ISBN　978-986-6936-80-7（平裝）

版權所有・請勿翻印

國家圖書館出版品預行編目資料

如來藏經密意 / 談錫永作 -- 初版.
--新北市：全佛文化, 2013.04
面；　公分. -（離言叢書；3）

ISBN 978-986-6936-80-7(平裝)

1.佛教教理　2.佛教哲學
220.12　　　　　　102007155

Buddhall
All Rights Reserved.
Printed in Taiwan.
Published by BuddhAll Cultural Enterprise Co.,Ltd.

BuddhAll

All is Buddha.

BuddhAll.

BuddhAll